nerede hata yaptık?

Yazan
C. G. Salzmann

Çeviren
Zeki Karakaya

Türkçeye Uyarlayan
Mehmet Kara - Ahmet Efe

Çizgiler
Necdet Konak

Redaksiyon
Gürbüz Deniz
Muammer Uysal

ISBN: 975 318 105 1

nerede hata yaptık?

Yazan
C. G. Salzmann

Çeviren
Zeki Karakaya

Türkçeye Uyarlayan
Mehmet Kara - Ahmet Efe

Çizgiler
Necdet Konak

Redaksiyon
Gürbüz Deniz
Muammer Uysal

Uysal Kitabevi Ltd Şti.   Yayın no: 304

Bu tercümenin her hakkı
Uysal Kitabevi'ne aittir.

Kaynak gösterilerek
iktibas edilebilir.

Dizgi - Mizanpaj: Uysal Kitabevi
Baskı yeri ve tarihi: Konya, 1998

Baskı: KOMBASSAN A.Ş.

YAYINCIDAN

C. G. Salzmann, Natüralist Felsefe'nin Avrupa'yı kasıp kavurduğu bir dönemde yaşamıştır. 1744'de Almanya'da dünyaya gelmiş, ilk tahsilini annesinden ve ilk olgun düşüncelerini de babasından almıştır. Aile eğitiminin kendisi üzerindeki etkisini şöyle ifade etmektedir:

"Eğer anne ve babamdan aldığım terbiye ve eğitim olmasaydı; şüphesiz ben de natüralist eğitimciler safında yerimi almış olacaktım. Bugün dahî, tecrübeli bir eğitimci olmama rağmen, hâlâ o eğitimin faydasını görüyorum."

Yüksek öğrenimini Jena Üniversitesi'nin eğitim bölümünde yapan yazar, öğrenciliği sırasında kırlara çıkıyor, tefekküre dalıyordu. Yine tefekkür zevkini, babası kendisine aşılamıştı.

Yunan, Roma ve İslâm kültürlerini inceleyip okumuştur. Bu üç kültür birikiminden okuduğu kitaplardan çıkardığı notlar ve tecrübeleriyle birçok eser vücuda getirmiştir.

C. G. Salzmann, bir eğitimci olarak hayata başladığında kendisini bekleyen birçok sorunla karşılaşmıştır. Yamalı elbise ve karın tokluğuna başkalarının okullarında eğitimcilik yapmasına rağmen ideallerine ulaşamamıştır. Sonuçta ne olursa olsun kendi okulunu, kendisi de bizzat amelelik yaparak kurmuştur. İnsan dostu olduğunu beraber çalıştığı işçilerine de göstermiş ve okulunun birçok öğrencisi, bu işçilerin çocuklarıdır. Çocuklarla beraber yaşayan bu adam, öğretici (öğretmen) olmasına rağmen, öğrencisiyle beraber yemek yemiş, onlarla oynamış ve bütün bir ömrünü onlara adamıştır.

Eğitim işinin küçük yaşta başlaması gerektiğine inanan ve ortaya attığı tezlerinin pratiğini yapma imkânı bulan yazar, çocuk eğitimi konusunda uzman olup, bu sahada bir çok eser yazmıştır.

Elinizdeki eser, İslâm Ahlâkçıları'nın tekniğiyle (kıssadan hisse) yazdığı ilk eseridir. Buradaki hikâyeler kendi gözlem, deney ve tecrübelerine dayanan gerçeklerdir.

Bu eser çocuk eğitiminde, eğiticilerin (anne-baba, öğretmen) yaptıkları yanlışların trajedisidir. Eser okunduğunda niçin dünya çapında klasikler arasına girdiği kendiliğinden anlaşılacaktır.

Çocuk eğitiminin önemi, her akıllı insanın tartışmasız kabul ettiği bir gerçektir. Ama nasıl? Eğitmek, oldukça zor ve fedakârlık isteyen bir iş olduğundan, bizdeki ailelerin birçoğu da bu konuya pek ciddi ve şuurlu eğilmemektedirler. Yazılan kitapların birçoğu, ya çocuklara birşeyler verebilecek hikâyeler şeklindedir ya da konunun uzmanları tarafından yazılan, akademik eserlerdir. Çocuk kitaplarından yalnızca çocuklar faydalanabilmekte, eğitim uzmanları tarafından yazılan akademik kitaplara ise aileler ulaşamamaktadır. Okuyacağınız bu eser ise anne ve babaların çocuk eğitimi hususundaki birçok olumsuzluklarını, yetersizliklerini yenmeyi öğrenebilecekleri el kitabı niteliğindedir. Ayrıca bu üslûbuyla toplumun her kesimine seslenebilecek düzeydedir.

Fertleri iyi eğitilmiş bir toplum, her açıdan güvenin, sevginin ve özverinin yuvasıdır. Bunu, erdeme ulaşmanın, tam bağımsız ve huzurlu yaşamanın temel şartı sayabiliriz. Konuya bu açıdan baktığımızda, çocuklarımızı sağlıklı bir şekilde eğitmenin ne kadar önemli olduğunu daha iyi anlarız. Ancak, çocuklara bazı tavsiyelerde bulunarak, iyinin ve kötünün ne olduğunu anlatarak onları eğitmiş olduğumuzu · sanmamız büyük bir yanılgıya düşmemizdir. Çocuğun şekillenmesi, şahsiyetinin oluşması kendisini eğiten kişiye benzemesidir. O halde kendi davranışlarımıza, söz ve yaşantımıza çeki düzen vermemiz zorunludur. Yoksa onlara yapılması ve yapılmaması gerekenleri söyleyip, davranışlarımız sözlerimizi doğrulamazsa, çocuklar karşısında yalancı olmamız kaçınılmaz olduğu gibi, onlar üzerinde hiç bir olumlu etkimiz de söz konusu olamaz. Onların hemen her şeyi örnek alarak öğrendiklerini unutmayalım.

Salzmann'ın dediği gibi: "İyi bir çocuk yetiştirmek, hazineler dolusu servetten daha değerlidir. Çünkü bunlar yaşayan hazinelerdir. Çocuklara iyi davranıp, sevgilerini kazanırsak, fikirlerimiz ideallerimiz gelecek nesillere aktarılacak ve bizler her nesilde yaşayacak ve onların dostu olacağızdır."

Bu eser önce tercüme edildi. Sonra da Türkçeye uyarlandı. Eserin toplumumuz fertleri için daha sıcak ve daha yakın olabilmesi için hikâyelerin temel çatısını aynen korumakla birlikte şahıs isimlerini değiştirdik. Uyarlama (adaptasyon) yapılırken özellikle kitabın eğitim amaçlı olduğu da göz önüne alınarak eğitim sistemimize ve öz değerlerimize uygunluk arzetmesine özen gösterilmiştir. Bunların dışında, söylenenlerin daha iyi anlaşılabilmesi için kısa cümleler kurulmaya dikkat edildi. Türkçenin imkânlarını kullanarak eserin dilimize güzel bir şekilde aktarılmasına çalışıldı.

İnsan olduğumuza göre elbette hatalarımız olacaktır. Bağışlanması dileğiyle!...

GİRİŞ

Bir yerde okuduğumu hatırlıyorum. Avrupalı bir topluluk, ticaret amacıyla Bangladeş'te bir şehre yerleşmişti. Doğu Hindistan'ın sıcak topraklarını istedikleri gibi kullanarak bu toprakların asıl sahiplerini açlık ve sefalet içerisine itiyorlarmış. Acaba bu insanların öz vatanına gelip de onlara nasıl böyle muamele edebiliyorlardı?

Eğer bir halk veya topluluğun diğerlerinden ayrıcalığı varsa, onlar insanların haklarını gaspederek insanlık âleminin başına bela olabilirler. Kısa bir zaman sonra böyle kimselerin kalpleri katılaşır, başkalarının elem ve gözyaşları onları etkilemez olur. Artık ezilen insanların gayretleri ve hayatlarını kazanmak için çabalamaları, arenada boğanın güreşmesinden farksız bir hâle gelir.

Bu haksızlık örnekleri çoğaltılabilir. Bunları her zaman görmek mümkündür. Böyle örnekler bulmak için uzağa gitmemize de gerek yoktur. Çünkü aynı haksızlıklar, bizim yakın çevremizde, aynı ırktan, aynı milletten olan insanlar arasında da sıkça görülmektedir. Bazıları, geldikleri soydan dolayı ayrıcalıklı, bazıları hükmedici kimselerdir. Kimileri de keyfi olarak başkalarının hak ve özgürlüklerini kısıtlarlar.

İnsanları baskı altında tutarak onların sırtından geçinenler bolluk içinde yaşıyorlar. Görkemli evlerde oturuyorlar ve hiçbir kimseye hesap vermiyorlar.

Çocuklar da böyle baskılar altında ezilen insan topluluklarındandır. Onları baskı altında tutanlar, özellikle anne ve babalarıdır. Çocuklara revâ görülen bu muâmeleler, yeni yetişenler tarafından da görülerek âdetâ gelenek halini almaktadır. Ağır ceza görmeleri, sopayla dövülmeleri, dertler içinde inlemeleri, anne ve babalarının şefkatlerinden mahrum kalmaları gibi hadiseler bunların başlıcalarıdır.

Meselâ bir baba, ufacık yavrusunu yanına alıp neleri yaparsa dayak yiyeceğini beynine kazırcasına anlatmaktadır. Bir başkası, çocuklarını ufak tefek hatalarından dolayı dövmekte, uslu durmadıkları zaman onları sopayla tehdit etmektedir...

Birçok çocuğun organları anne ve babalarının yanlış hareketleri yüzünden daha bir yaşına gelmeden sakatlanmakta, sağlıkları bozulmakta, hattâ bu çocuklardan ölenler bile olmaktadır.

Ben, barbar kölelerin esir haydutlara yaptığı muâmelelerin, sosyal kanunlarla idare edilen topluluklardaki anne-babaların kendi çocuklarına yaptıklarından pek farksız olduğuna inanıyorum.

Küçük, korumasız ve savunmasız çocukları döverek bir yerlerini kanatmak veya sakat bırakacak şekilde dayak atmak, hak etmedikleri bir cezayla onları cezalandırmak ne kadar büyük bir haksızlıktır. Böyle yapmakla onları kendinize düşman etmiş olursunuz.

Çocukların davranışlarının kaynağı, anne ve babalarının hareketleridir. Aslında hatanın kimde olduğunu daha iyi anlamak için onlar üzerinde araştırma yapmak gerekir. Çocuklar, anne ve babalarına benzerler ve onların karakterlerini yansıtırlar. Zihinleri, kanları, elleri, kolları ve birçok organları, anne ve babanınkilere benzer. Ebeveynlerde ruhî ve bedenî bir hastalık bulunsa, bunu çocukta da görmek mümkündür. Onların davranışları, düşünme yetenekleri, bakış açıları, el yüz hareketleri, öfkelenince gösterdikleri tepkiler tıpkı anne ve babanınkilere benzer.

Bazı anne ve babalar, kendi çocuklarıyla başkalarının çocuklarını karşılaştırır ve onların çocuklarını uslu ve düzenli görüp kendi çocuklarını beğenmezler. Böyleleri, büyüdükçe çocuklarının yaramazlığının arttığına inanırlar. Bazıları da başka çocukları örnek gösterirler: "Bak şu çocuğa, nasıl hareket ediyor? Sen de böyle olmalısın!" diyerek çocuğun yaratılışına uygun olmayan şeyleri yaptırmaya kalkışıp çocuğu âsî, hırçın ve pısırık bir hâle getirirler.

ANNE VE BABALARIN
YANLIŞ DAVRANIŞLARINDAN ÖRNEKLER:

Birinci örnek: Kendi yapmadıklarını onlardan istemeleri: Zekâ düzeyi yetişkinler kadar gelişmemiş bir çocuk, diğer insanlardan ne görürse onu yapar. Eğer başka türlü davranmasını istersek, şu örnekte olduğu gibi bocalar: Asil bir Alman, kendisi hiçbir yabancı dil bilmediği halde, çocuğundan Fransızca öğrenmesini ve her zaman Fransızca konuşmasını ister. Fakat çocuk başaramaz ve onu azarlayarak: "Baksana falancanın çocuğu ne biçim Fransızca konuşuyor? Sen niye onun gibi olmaya çalışmıyorsun? Senden ne köy olur ne kasaba" der. Böyle örnekleri birçok ailede görmek mümkündür.

Bazı anne ve babalar, başkalarıyla tartışırlar, dövüşürler: İçkili halde eve gelip yapmadıkları melanetleri bırakmazlar. Kendileri böyle hareketlerde bulunanlar, nasıl olur da çocuklarından bunları yapmamalarını isteyebilirler? Hangi mantıkla bunu kabul edebilirler? Bu aileler, nasıl olur da ağızlarını açınca "Biz çocuğumuzu iyi terbiye ettik" derler.

İkinci örnek: Aşırı ileri görüşlülük: Bazı anne ve babalar, yakınarak çocuklarına en iyi terbiye ve eğitimi verdikleri halde neden kötü davranışlarda bulunduklarını bir türlü anlayamadıklarını söylerler. Bunun sebebini biraz detaylı araştırırsa, şu sonuç ortaya çıkar: Bu kötü hareketlerin kaynağı, çocuklara farkında olmadan verilen birkaç saatlik olumsuzluk dersleridir.

Çocuklar, bu şekilde eğitildikten sonra büyüyüp toplumdaki yerlerini aldıkları zaman, onların ne halde olduklarını görmek gerekir! Kızlar hizmetçiler gibi çenesi düşük oluyor ve onların davranışlarını taklit ediyorlar. Oğlanlar da terbiyeden mahrum çıraklar gibi davranıyorlar. Böyle fertlerden meydana gelen bir toplumun halini düşünün!...

Üçüncü örnek: Yanlış eğitim: Bu konuda kitap yazmaya kalksak, ciltler dolusu eser sahibi olabiliriz. İnsanın keyfi yerindeyse, kötü davranışları ve alışkanlıkları görmemezlikten gelebilir. Ancak onu kızdıran bir şey varsa, çocuğunu küçük bir hatadan dolayı cezalandırır. Mesela bir anne, ısıtırken taşırdığı sütün veya aldığı kötü bir haberin acısını çocuklarından çıkarır.

Bazen suç işleyen çocuklar, bu işlediği suçu kabul edince dayak yerler. Bazen de yalan söyleyerek dayaktan kurtulurlar. En ufak hatadan dolayı -mesela bir bardak kırmak gibi- çocuk affedilmeyip hemen dövülebiliyor.

Çocukları bu şekilde yetiştirmek, ateşin üzerine benzinle gitmek gibidir. Böyle davranmakla onları peşin hükümle yargılamış olursunuz. Haklı değil miyim iddiamda? Siz merhametsiz davranarak onları merhametsizleştiriyorsunuz. Bunun toplum üzerindeki kötü sonuçlarını hesap etmeye gerek yok sanırım. Suçsuz yere onlara eziyet ediliyor, hayatlarının en güzel günlerini tatsız ve neşesiz geçiriyorlar. Bu çocuklar, ileride ihtiyaç duyulan kişiler olabilecekken, anne ve babaların cahilliği yüzünden yıpranıp sakatlanıyorlar. Lüzumsuz işlerle uğraşmak zorunda kalıyorlar ve boş yere enerji harcıyorlar.

Bizim en büyük gayemiz bir parçamız olan çocuklarımızı iyi yetiştirmek, onları sağlıklı olarak büyütüp yaşlandığımız zaman bize destek olmalarını sağlamak ve ideallerimizi devam ettirmelerini onlardan istemek olmalıdır. Bunun yanında kendilerinden sevgi ve saygı da bekleriz.

İyi bir çocuk yetiştirmek, hazineler dolusu servetten daha hayırlıdır. Çünkü bunlar yaşayan hazinelerdir. Yaşlandığımız zaman en büyük düşüncemiz, geride iyi bir miras bırakmak değil midir?

Onlara iyi davranıp sevgilerini kazanırsak, fikirlerimiz gelecek nesillere aktarılacak ve devamlılığı sağlanacaktır.

Çocuklu anne ve babalar, çocuğu olmayanlara göre şanslıdırlar. Çünkü bu çocukları iyi yetiştirirlerse, kendileri daima hayırla anılacaktır.

Bunu, düşünceleri temiz ve tecrübeleri çok olan ihtiyarlar, daha iyi anlayabilirler. Böyle kimselerden nasihatlar alınmalıdır. Bunlar, zenginliklerini çocuklarının çokluğuna bağlamaktadırlar.

Kötü yetişmiş çocuklara gelince; bunlar, düşmanla birlik olup insanın her şeyini mahvedebilirler. Çocuklarının değerini bilen anne-babaların sayısı çok azdır. Onların ilk günlerini hatırlayın. Hiçbir tiyatro sahnesinde böyle saf ve karşılıklı sevgi taklit edilemez. Sizinle konuşmalarını ve yürümeyi ilk öğrendiklerinde size koşmalarını hiçbir sanatçı taklit edemez. Onların çıkardığı nağmeleri, sesleri hangi müzisyen taklit edebilir?

Bazı anne ve babalar, ilk ve ikinci çocukları olduğunda sevinirler. Üçüncü çocukları dünyaya gelince pek sevinmezler. Bakamama endişesine kapılırlar. Bazıları ise, ne kadar çocukları olursa olsun sevinirler, onları bir servet olarak görürler.

Bu çok defa sevimli, bazen de can sıkıcı varlıkların davranışları ters anlaşılmaktadır. Birçok aile bunun farkındadır. Ama çocuklarına nasıl davranacaklarını bilemiyorlar. Onları itaatsiz, dikkafalı, inatçı, tembel, disiplinsiz ve mağrur yetiştiriyorlar. Kötü davranışlar, tabiîki zenginlik değildir. Böyle azgın bir çocuğun babası, zavallı ve şikâyetçidir. Her çocuğundan bir emir alır; günlük yiyecek ve giyeceklerini hiç itiraz etmeden yerine getirir. Böyle bir baba, varını yoğunu harcayarak mal kazanıp onları mutlu etmeye çalışır. Vakit kalırsa dinlenebilir.

Bütün bunlar, benim bu kitapçığı yazmama vesile oldu. Bu eser, zavallı çocukları koruyucu bir eser olacaktır. Bilgisiz ve dikkatsiz ebeveynleri de iyi yöne sevkedecektir.

> Çocukları kendinizden nefret ettirmek istiyorsanız, onların duygularına değer vermeyin... ve sadece onlara haksızlık edin.

ÇİÇEK VE SOPA

Küçük Merve, evlerinin önündeki rengârenk çiçeklerle süslü bahçeye girdi. Yüreği sevinçle doluydu. "Burada ne güzel çiçekler var. Bunlardan bir demet toplayıp anneme götürsem kimbilir ne kadar sevinir ve beni kucaklayıp öper." diye düşündü. Gülümseyerek çiçeklerin yanına diz çöktü ve onlardan bir etek dolusu topladı. Mini mini elleriyle çiçeklerini bir demet haline getirdi. "Tamam. Hemen bunları canım anneciğime götüreyim." dedi.

Anneciğini daha çok sevindirmek için mutfağa koştu. Raftan bir bardak alarak, çicek demetini içine yerleştirdi. Mutfaktan sevinçle çıktı. Annesinin olduğu odaya doğru hoplayıp zıplayarak koşmaya başladı. Birden ayağı kaydı ve yere yuvarlandı. Elinde bardak yere düşüp paramparça olmuştu. Çiçekler ve cam kırıkları etrafa saçılmıştı. Annesi, yandaki odadan, kırılan bardağın sesini duymuş, dışarı fırlamıştı. Küçük Merve, korkudan ne söyleyeceğini bilemedi. Annesi yerdeki cam kırıklarını görünce çok sinirlendi. Küçük kızının ne yapmak istediğini öğrenmeye gerek duymadan eline bir sopa alarak üzerine yürüdü. Bir yandan vurmaya, bir yandan da "güzelim bardağı kırarsın ha!" diye bağırmaya baş-

Anlattıklarımı birçok örneklerle isbat etmeye çalıştım. Kitabın bütününü okuyan, ne demek istediğimi daha iyi anlayacaktır.

Kaba aileler, kendiliğinden düzelmezler. Onlar, bu kitabı da isteksizce okuyacaklardır. Anlattıklarıma kızacaklar ve çocuklarına aksi davranışlarda bulunacaklardır. Ama ben, kitabımı yazarken bunları da göz önüne aldım.

Bu eser, kendi kanı ve canı olan çocuklarına zerre kadar bağlı aileleri uyaracak, onların düşünmelerini sağlayacaktır. "Ben çocuğumu nasıl olur da hasta edebilir, mutsuzluğuna sebep olabilirim" diyecekler ve "Benim hayatımı mahvediyorlar" düşüncesinden vazgeçeceklerdir. Gerçekleri yazdığım, kısa zaman içinde anlaşılacak.

Okurlarım, sevgiyi, saygıyı çocuklarına nasıl öğreteceklerini bu eserden rahatlıkla öğrenebileceklerdir. Eserimi nükteli bir şekilde yazdım. Bazılarının anlamsız hareketlerinden ve budalalıklarından bahsetmemi saçma bulabilirsiniz. Ama nükteler, kaçınılmaz, önemli şeylerdir. Bunun için kitabı okuyacak kimselerin sabırlı olmaları gerekir.

İnsan bir şeyi tasvir etmek istiyorsa, onu olduğu gibi, gördüğü gibi tasvir etmelidir. Eğer bir sanatkâr, temiz bir elbiseyi dilencinin sırtına giydirirse, bunu da sanattan anlayan biri görse, dilencinin üzerinde yırtık, pis bir elbisenin yerine yenisinin bulunmasına üzülecektir.

Kaba bir ifade tarzını kullanmışsam, beni bağışlayacağınızı ümit ediyorum. Bu yazdıklarım, dünya saâdetine ve tatlı şeylere vesile olursa, kendimi mutlu sayacağım. Eğer bunu, küçük eserimle başarabildiysem...

ladı. Neye uğradığını şaşıran kızcağız can havliyle "Ne olur anneciğim vurma!" diye yalvarıyordu. Takdir ve öpücük beklerken bir ton dayak yiyen küçük Merve, yapılan haksızlık karşısında çok hiddetlendi. Uzun süre olanları unutamadı ve annesine içinden kin besledi. Ona bir daha çiçek hediye ettiğini gören de olmadı.

ONLARIN PARASINI BEN VERMEDİM Mİ?

Ayşe, babasının kendisine hediye olarak aldığı oyuncak mutfak takımını çok sevmişti. Ona bundan daha güzel bir hediye verilemezdi. Mutfak takımına kavuştuğu gün sevincine diyecek yoktu. Arkadaşları kendisine ziyarete geldiği zaman hemen mutfak takımlarını çıkartıyor, kapları, kaşıkları kullanarak onlara küçük ziyafetler veriyordu. Oyunları bitince de hemen hepsini toplayıp yıkıyor, kurulayıp kutusuna yerleştiriyordu. Babası, Ayşe'nin bu tertip ve düzenine çok seviniyor, içinden "küçük yaşta bu eşya sayesinde düzenli olmayı öğrenecek" diye düşünüyordu.

Fakat Ayşe'ciğin sevinci fazla sürmedi. Bir gün okulda iken kardeşi onun mutfak takımlarıyla oynamak istediğini babasına söyledi. Babası da verdi. Küçük İsmail, henüz oynamasını bilmediği için tabaklardan birini ayağıyla kırdı.

Ayşe, eve döndüğünde mutfak takımının dağılmış olduğunu görünce, çok heyecanlandı. Onları düzeltmek isterken tabağın birisinin kırılmış olduğunu gördü. Üzüntüden gözlerine yaş taneleri doldu. Annesi oyuncakları İsmail'e babasının verdiğini söyleyince sesini çıkarmadı. Acısını kalbine gömdü.

Birkaç gün sonra iki tabağının daha aynı âkibete uğradığını görünce daha fazla tahammül edemedi. Kırılmış tabakları alıp babasına koştu: "Babacığım, biliyor musun, İsmail, bana hediye ettiğin tabakları kırmış? Ne olur onları bir daha kardeşimin eline verme" dedi.

Babası, Ayşe'ciğin hiç beklemediği bir cevapla; "Ne olmuş yani! Onların parasını ben vermedim mi? Çekil git şimdi başımdan, seninle uğraşacak zamanım yok!" dedi.

Ayşe, neye uğradığını şaşırmış, oyuncaklarının parçalanmış olmasına aldırış etmeyen bu babaya içinden çok kırılmıştı. Ona karşı sevgisi kalmamıştı. Aradan bir hafta bile geçmemişti ki, küçük kızın pembe yanakları soldu, neşesi kayboldu. Artık ne hediyenin bir değeri kalmıştı, ne de babasına karşı yüreğinde bir sevgi...

ACIMASIZ BABA

Çocuklarına nasıl davranacağını ve onları nasıl cezalandıracağını bilmeyen bir baba tanımıştım. İşleri iyi olduğu zamanlar çocukları ne yapsalar onlara ses çıkarmaz ve çok sabırlı görünürdü.

Bir de bu adamı, işleri ters gittiği zaman görmeliydiniz. O zaman ev halkının hali perişandı. En küçük bir gürültüde eline geçen her şeyi fırlatır, önüne kim çıksa ona hakaret ederdi. İşlerinin kötü gitmesinin acısını ya hanımından ya da çocuklarından çıkarırdı. Onu bekârlığında tanıyan arkadaşları; böyle hiddetlendiği zaman çay bardaklarını kırdığını, hırsını alamayınca da arkadaşlarına sataştığını söylüyorlardı. Sorarım size, böyle bir babayı hangi çocuk sevebilir?...

ÜÇÜNCÜ KIZ

Bir anne, erkek kardeşine dert yanıyordu:

"Şu inatçı kızım Büşrâ gibi kötü bir çocuk dünyaya gelmiş midir acaba? Kendisinden bir şey istesem beni yiyecekmiş gibi bakıyor, bir şey söylesem hemen dikleşiyor, kulağından çekmeye kalksam parçalayacakmış gibi üzerime yürüyor."

Kardeşi, küçük Büşrâ'yı yakından tanıdığı için bunca şikâyeti anlayamıyordu. Ablasına, sabırlı olmasını, çocuğunun yanlış hareketlerine belki kendisinin sebep olabileceğini söylemekle yetindi.

Bir gün, Büşrâ'nın annesi, yakınlarına davet veriyordu. Kardeşi de bu davette idi. Misafirlerine kahve ikram ederken çocuklarını da beraberinde misafirlerinin yanına getirmişti.

Dikkat edildiğinde, Büşrâ'nın diğer iki çocuğa göre çirkin olduğu farkediliyordu. Annesinin onu giydirirken özenmemiş olması, kızcağızı daha da çirkin göstermişti. Büşrâ içine kapalı bir çocuktu. Diğerleri gibi şaklabanlık yapmaktan hoşlanmıyordu. Üstelik kalabalık karşısında fazla konuşmaya da alışkın değildi. Bütün bu özellikler eklenince aptal bir çocuk görüntüsü veriyordu. Misafirlerin bütün ilgisi şık giyinmiş iki çocuk üzerinde yoğunlaşmıştı. Odaya girdiklerinde misafirleri; "Ne kadar sevimli çocuklar..." diyerek onları öpmeye ve onlarla ilgilenmeye başladılar. İyi giyinmiş iki çocuk kucaktan kucağa geçiyor, elbiseleri ve güzellikleri övülüyordu. Fakat eskilerden bozularak giydirilmiş Büşrâ'ya kimse bakmıyor, iltifat etmiyordu. Anne de iki kızına övgüler dizmekle meşguldü. "Ah" diyordu, "Bunları size nasıl anlatayım bilmiyorum? Öyle afacan, öyle sevimli ve öylesine kurnazdırlar ki..."

Annenin övgüleri bitip tükenmiyordu. Bu hava içerisinde Büşrâ'yı kimse aklına bile getirmiyordu. Büşrâ'nın solup sarardığını farketmek zor değildi. O, bir köşede sanki bu evin kızı değilmiş gibi dikiliyordu. Utanarak önüne bakıyor, arasıra gözlerini ovalıyor, önlüğünün ipliğini bağlayıp bağlayıp çözüyordu. Kardeşlerine nefret ve kızgınlıkla bakıyordu. Arasıra gözlerine yürüyen yaşları eteğinin ucuyla siliyor, dişlerini sıkıyordu. Bu ortama daha fazla dayanamayacağını anlayınca hızlı adımlarla kapıya doğru yürüdü ve kapıyı hızla çarparak dışarı çıktı. Misafirlerine karşı mahçup olan anne, kardeşine dönerek: "Görüyor musun, ne kadar iğrenç bir çocuk; ona yaptığı bu terbiyesizliğin cezasını vereceğim" dedi.

Olayı başından beri izleyen kardeşinin, bu sözleri duyunca sinirden eli ayağı titredi. İyi kalpli, çocukları seven bir insandı. Ablasına cevap vermeye gerek duymadan o da Büşrâ'nın arkasında odayı terketti.

Bitişik odaya geçip bir kanepeye boylu boyunca uzandı. Kadın peşpeşe gelen bu iki üzücü olaydan çok etkilenmişti. Dayanamayıp kardeşinin arkasından gitti. Onu böyle uzanmış görünce, bunun ne demek olduğunu sordu. Kardeşi:

– Zâlim anne, beni yalnız bırak, dedi.

Ablası, hayretini gizleyemediği bir sesle cevap verdi:

— Misafirlerin yanında kapıyı çarpıp çıktığı için onu dövmedim diye mi zalim oluyorum!?

Kardeşi:

— Evet sen zalim bir kadınsın! Büşrâ'yı âsi bir çocuk yapan sensin.

— Seni hiç anlamıyorum abla! Büşrâ'yı öbür kardeşlerinden ayırdediyorsun. Onu diğer ikisi kadar sevmiyorsun. Çirkin bir kız diye mi ondan sevgini esirgiyorsun? Bu, onun becerisini de etkiler. Onu güzel gösterecek şık elbiseler giydireceğine, eskilerden bozarak yaptığın şeyleri giydiriyorsun. Öbür kardeşlerine ise, güzelliklerine güzellik katacak yeni elbiseler alıyorsun... Üstelik, onun iyi yanlarını anlatacağına her zaman kötülüyor ve küçültüyorsun. Bütün bunlar zalimlik değil mi? Sen Büşrâ'yı odun mu sanıyorsun? Onun da incinecek, kırılacak bir kalbi yok mu? Sözlerimi lütfen iyi dinle. Çocuğu kötülüğe iten sensin. Onun sana karşı kin beslemesine ve kardeşlerini kıskanmasına sebep, sadece senin davranışlarındır. Abla, kısacası Büşrâ'yı ben alıp götürmek ve kendi evimde onunla ilgilenmek istiyorum. Onun ne hassas, ne zeki bir çocuk olduğunu sana isbat edeceğim.

Anne, kardeşinin bu isteğini kabul ettiğinde, dünyalar Büşrâ'nın oldu. Dayısı, gerçekten de dediği gibi yaptı. Onu yanına aldı. Yeni elbiseler yaptırdı. Yakın bir ilgi ve şefkat gösterdi. Büşrâ da onu mahçup etmedi. Daha aradan bir sene bile geçmemişti ki, onu görenler tanıyamadılar. İnatçı, aptal kız gitmiş; yerine söz dinleyen, güzel, zeki bir kız gelmişti.

> Çocukları sevdiklerinden soğutmak istiyorsanız onlarla korkutun.

ÖCÜLER

Çocuklarına söz geçirmekten âciz bir anne tanımıştım. Bu annenin zorda kalınca çocuklarını korkutacak üç silâhı vardı: Baba, öcü ve Allah.

Çocuklar oynarken bir yaramazlık mı yaptılar, hemen birinci silahını kullanırdı:

"Akşama, babanız gelsin, siz görürsünüz; bakın nasıl dayak attıracağım!"

Küçük Ahmet, uykuya gitmekte nazlanıyor mu; ikinci silâhı hazırdı:

"Çabuk yatağına, yoksa seni öcülere veririm."

Çocukcağızların, ağızlarından kaza ile, kötü bir söz mü çıktı; üçüncü silahını devreye sokardı:

"Allah, kötü söz söyleyen çocukları taş eder, Cehennemine atar!..."

Annenin böyle hareket etmesinin sonu ne oldu biliyor musunuz? Çocuklar, Allah'tan, babadan ve ne olduğu belli olmayan öcülerden aynı şekilde nefret eder oldular.

BABAN DA KİM?

Küçük Arif, çok yaramaz bir çocuktu. Babası tarafından azarlandığı veya ceza gördüğü zaman, annesi hemen atılır, ona koruyucu melek kesilirdi.

Kocasına;

"Sen ne hissiz bir babasın! Küçücük çocuğu üzmekten utanmıyor musun? Akşama kadar benim yerimde olsan çocuğa kim bilir ne işkenceler yaparsın."

Arkasından da çocuğu çağırır, avucuna para sıkıştırırdı.

"Haydi Arif çiğim, git bununla bakkaldan kendine çikolata al" derdi. Anne tarafından böylesine şımartılan bir çocuk, babasından nefret etmez de ne yapar?...

> Çocuklarınıza karşı hissiz olun. Onların üzüntü ve sevinçlerine katılmayın. Böylece size karşı kin duymalarını sağlamış olursunuz.

KEŞKE ŞU HİZMETÇİ ANNEM OLSAYDI

İşleri başlarından aşkın bir anne-baba vardı. Çocuk sevgisinden hiç mi hiç nasipleri yoktu. Çocuklarıyla geçirdikleri her anı kayıp saydıklarından babaları devamlı hesaplarıyla uğraşır, anneleri ise mücevherlerinin başından ayrılmaz, onları nasıl çoğaltacağını düşünürdü. Çocuklar tarafından meşgul edildiklerinde çok tuhaf davranırlardı.

Küçük Salih, babasının yanaklarını okşamak için ellerini uzatsa, babası onu duygusuzca geri iter, yüz vermezdi.

Küçük yavru bir gün elinde tuttuğu resimli bir kitapla gülerek babasının karşısına dikildi: "Babacığım şu maymuna bak! Elindeki muzu nasıl tutuyor? Çok komik değil mi?" dedi.

Önündeki hesap defteriyle meşgul olan baba, öfkeli ve kızgın bir sesle: "Git başımdan, beni rahat bırak!" diye bağırdı. Babasından yüz bulamayan Salih, annesine gitti. Resmi ona göstermek istedi. Fakat annesinden de ilgi görmeyince somurtup kaldı.

Üzüntü içinde, sevincine belki ortak olur diye hizmetçi kıza koştu... Hizmetçi kız, iyi kalpli; çocukların dilinden anlayan biri idi. Resme baktı ve:

"Aman Allah'ım, şu maskaraya bak! Ne komik bir duruşu var..." diye Salih'in hislerine ortak oldu. İkisi birden gülmeye başladılar. Salih, arkasından kurtla kuzuyu gösterdi. Kurdun kuzuyu yemek için ne hileler yaptığını anlattı. Hizmetçi kız aynı ilgiyle onu da dinledi.

Salih, artık bütün sevinç ve üzüntülerini hizmetçi kızla paylaşıyordu. Onu, anne ve babasından daha çok seviyordu. Anne ve babası, iki ay seyahate çıktıklarında onların yokluğunu hissetmedi bile. Ama hizmetçi kız bir gün dahi evden ayrılsa, ağlamamak için kendini zor tutar, o döndüğünde koşarak ona sarılır ve hasret giderirdi...

ÇİÇEĞİ KİM GÖRECEK?

Mehmet, küçük arkadaşı Akif'e bir şebboy çiçeği fidesi hediye etmişti. Akif de onu bahçeye dikmişti. Devamlı onunla ilgileniyor, sabahları kalkar kalkmaz bahçeye koşuyor ona bakıyor, akşamları da sulamadan yatmıyordu. Bütün kalbiyle onu seviyor, incitmeden okşuyordu.

Yine bir sabah bahçeye çıktığında ne görsün... Şebboyun bir dalı çiçek açmış, birisi de tomurcuklanmamış mı? Gördüğü manzara karşısında sevinçten uçuyor, ellerini çırparak zıplıyordu... Sevincini mutlaka biriyle paylaşmalıydı. Bu, en yakını olan babasından başka kim olabilirdi?... Doğruca onun odasına koştu nefes nefese içeri girdi:

— Babacığım, babacığım, koş, çabuk bahçeye gidelim, dedi.

Babası;

— Ne var bahçede? diye biraz sinirlenerek sordu.

— Size çok güzel bir şey göstereceğim.

— Nedir o?

— Gelin, gelin... Güzel bir şey.

Babası hiddetlenerek:

— Deli misin oğlum? Söylesene nedir güzel olan?

— Bir şebboy çiçeği ve bir de tomurcuk...

— Şu senin pis şebboyun mu yoksa?

Kalbi sevinçle dolu yavrucak donup kalmıştı. Sevincini paylaşmayan bu babaya nefret duydu... Küçük Akif, başka çare bulamayınca, kendisine çiçeği hediye eden arkadaşı Mehmet'e koştu. Şebboyun çiçek açtığını ona müjdeledi. Arkadaşı bu duruma çok sevindi ve beraberce çiçek açan dalı seyrettiler.

Küçük Akif, babasıyla paylaşamadığı mutluluğunu arkadaşıyla paylaşıyordu işte... Hem de onu babasından çok severek...

> Çocuklarınızın masumane hareketlerini bile cezalandırın, böylece sizden nefret ettiklerini görürsünüz.

"ÇOK ŞÜKÜR BABAMDAN KURTULDUM"

Adamın biri, elli yaşında baba olmanın zevkini yaşıyordu. Yaşından dolayı ciddî ve olgundu. Çocuğunun da kendisi gibi olmasını istiyordu. Fakat oğlu henüz küçük bir çocuk olduğu için, tabiatının gereği, atlayıp zıplamak, koşup oynamak, gülüp eğlenmek istiyordu. Bu durum ise babasını üzüyordu.

Bazen arakadaşlarıyla beraber kıra çıktığında oğlunu da yanında götürüyordu. Çocuk, kelebeklerin arkasından koştukça adam sinir oluyordu. İstiyordu ki, o da yanında uslu uslu yürüsün, sağa sola koşturmasın... Her gördüğü çiçeğin adını sordukça, yerden parlak çakıl taşları topladıkça babası huzursuz oluyordu:

"Oğlum Said, sen hiç ciddî bir çocuk gibi davranamaz mısın! Öte beri ne koşup duruyorsun? Buraya gelsene aptal çocuk!" diye bağırıyor ve ekliyordu: "Bak, ben nasıl ağır ağır yürüyorum. Sen de benim gibi yürüsene!"

Babası, Said'e kızdığı için onun bütün oyuncaklarını yakmış, hatta teyzesinin kendisine hediye ettiği topu bile kesmişti. O, çocuğunun oyun peşinde kaybettiği zamanı "A-B-C" kitabına çalışmakla geçirip bir an önce okumaya geçmesini istiyordu.

Said, babasının böyle katı disiplin uygulamasından dolayı ondan nefret ediyordu. Saatlerce babasının yanında kıpırdamadan oturması takdir edersiniz ki ne büyük bir işkencedir. Bu durum Said'in en kaba insanları bile babasından çok sevmesine sebep oluyordu.

Babası öldüğü zaman Said hiç üzülmedi. Gözünden bir damla yaş düşmedi. Hatta arkadaşları onun; "Çok şükür şimdi babamdan kurtuldum. Artık istediğim gibi oynayabilirim!" dediğini duydular.

> Çocularınız bir hata mı yaptı? Hemen alaya alıp dalga geçerek hatırlatın. Böylece de sizden nefret edebilirler.

ALAYLAR

Yakup Usta, alay etmeye ve dalga geçmeye o kadar alışmıştı ki, çocuklarıyla konuşurken de bu kötü huyunu bırakamıyordu. Hiç bir zaman çocuklarının hatalarını güzel bir lisanla düzeltmez, aksine, hakaret edici bir ses tonuyla onlara bağırıp çağırırdı.

Meselâ; çocuklardan biri sandalyede uyuklasa, hemen arkasından onun yüzüne ya tükenmez kalemle ya da mürekkeple sakal yapıp diğer kardeşlerine alay ettirerek cezalandırırdı.

Bir defasında küçük kızı Ayşe, yemek yerken üstüne yemek dökmüştü. Babası derhal büyük oğluna: "Dışarı çıktığında marangoza bir yalak yaptır, bu kız o yalaktan yesin yemeğini" dedi. Zavallı Ayşe'cik kıpkırmızı oldu.

Başka bir gün ise kızcağız, oyun oynarken elini, yüzünü ve elbisesini batırmıştı. Bunu gören babası: "Olamaz! Seni çocukların alaya aldığı Pasaklı Selim'e göndereyim, onunla iyi anlaşırsın!.." diye bağırdı.

Yakup Usta gibi çocuklarının gururuyla oynamayı alışkanlık haline getiren bir babayı çocukları nasıl sevebilir?...

DİKİŞ DİKMEK SANA MI KALDI?

Zeynep annesinden biraz dikiş dikmeyi öğrenince, annesine becerikliliğini göstermek için bir mendil kenarı çevirmek istedi. Bu mendilin kenarını çevirirse, annesi onu nasıl da takdir ederdi. Kendi kendine şöyle mırıldandı: "Şimdi çok güzel olacak, annem mendilimi çok beğenecek, herhalde babam da "Kızım kocaman olmuş, artık her şeyi yapıyor" diyerek benimle övünür.

Bu ümitler içinde, bütün dikkatini dikişe vermişti. Sevgili yavrucuğun işine kendini ne kadar kaptırdığını tahmin edebilirsiniz. "Hata yapmamalıyım. İşim çok güzel olmalı" diyordu. Kahvaltı için önüne konan nefis çörekleri bile yemeyi unutmuştu...

İşinin iyi olmasını istediğinden, biraz diktinden sonra annesine gösteriyor; "Nasıl anneciğim, doğru yapmış mıyım?" diye sorduktan sonra tekrar işinin başına dönüyordu.

Bütün bu heyecan ve telaşın sonunda ne oldu dersiniz? İşin tam ortasındayken küçük Zeyneb'in parmağına iğne batıverdi. Kızcağız, daha önce hiç duymadığı bu acı karşısında feryad ve figan ederek, yerinde zıplamaya başladı. Onun bu haline kim acımazdı? Zavallı Zeynep, bu acısına bir çare bulur diye annesine koştu. Fakat ilgisiz ve düşüncesiz anne, kızının bu haline acıması gerekirken kahkahayla gülmeye başladı. Diğer kardeşleri de annenin kahkahasına katıldılar.

Zeynep mendili bir kenara fırlatıp mutfağa koştu. Önlüğüyle yüzünü kapatarak hüngür hüngür ağlamaya başladı. Şimdi iğnenin batmasından çok kendisiyle alay edilmesi ona acı veriyordu.

Benzer olaylar ve annesinin benzer alayları devam ettikçe küçük yüreğinde annesine karşı kin ve nefret duyguları kabarıyordu. Artık hiçbir şeyle kendisini isbatlamak istemiyor, nefreti, davranışlarına da yansıyordu. Annesini üzmek için onun dediklerinin tersini yapıyordu. Anne ise Zeyneb'in bu ters davranışlarına bir sebep bulamıyor, şaşırıyordu.

Çocuklarınıza sık sık yalan söyleyin ve onları aldatın. İşte o zaman size güven duymadıklarını göreceksiniz.

ECZANEDE GAZYAĞI

Bir anne, kızına şaka yapmak için kapıcı kadınla söz birliği etti. Küçük kızının eline kocaman bir kap verip gazyağı alması için eczaneye gönderdi.

– Haydi git, bununla bize gazyağı al gel, dediler.

Küçük ve masum çocuk:

– Hemen anneciğim, mantomu giyip gidiyorum, dedi.

Betül'cük, bir işe yaramanın sevinciyle kabı eline aldı ve parayı dikkatlice cebine yerleştirdi.

Yolda hoplaya zıplaya gidiyor, annesini sevindireceği için yüreği mutlulukla doluyordu. Eczaneye vardığında, kasadaki adama parayı uzattı. Gazyağı almak istediğini söyledi. Adam, bir çocuğa bir de elindeki kocaman kaba bakıp gülmeye başladı.

Betül, neye uğradığını şaşırmıştı, adama bakıyordu.

Adam:

– Gazyağı ha, gazyağı?... Hiç eczanede gazyağı satılır mı? diyerek alaylı alaylı gülüyordu.

Zavallı çocuk, mahcubiyet ve üzüntüden kıpkırmızı kesilmişti. Elindeki kabı sıkı sıkıya tutarak, hızla eczaneden çıktı. Ağlaya ağlaya evin yolunu tuttu. Adama verdiği parayı unuttuğunu bile hatırlayamadı...

Eve döndüğünde annesinin ve kapıcı kadının kahkahalarıyla karşılaşınca iyice yıkıldı. Öylesine yıkılmıştı ki, sanki bakışlarıyla annesine: "Sen kötü birisin. Benim annem değilsin!" demek istiyordu. Aldatılmış olmanın acısıyla elindeki kabı bir tarafa fırlatarak, odasına koştu. Yatağına kapanıp hıçkırıklarla ağlamaya başladı.

Annesi, arkasından odaya girdiğinde hâlâ gülüyor, yılışık bir ses tonuyla:

– Anlayamadın mı aptal kız!... Sana şaka yaptık, diyordu.

Betül'cük, o günden sonra annesinin her sözüne ve her uyarısına kayıtsız kalarak, "Bunun doğru olduğunu nereden bileyim!?" demeye başladı.

BEBEK GETİREN LEYLEK

Emre'nin bir kardeşi doğmuştu. Çocuk, onun nereden geldiğini o kadar merak etmişti ki, babasına sordu:

– Babacığım, bu bebek nereden geldi?

– Onu leylekler getirdi, diye cevap verdi babası.

– Peki ama, dedi Emre, "Leylekler nereden getirdi?"

Babası kafasını biraz kaşıdıktan sonra:

– Köyün dışından, dedi. İçinde çocukların yüzerek çıktıkları bir göl var. İşte senin kardeşini de

leylekler oradan getirdi.

Emre, babasının anlattıklarına inanmıştı. Hemen ablasına koşup öğrendiklerini anlattı. Ablası, kardeşinin saflığına güldü ve ona anlatılanların doğru olmadığını söyleyerek, doğum hakkında bildiklerini nakletti.

Daha sonraki günlerde Emre, babası ne anlatırsa anlatsın şöyle demeye başladı:

– Babacığım! Şu leylekler hikayesinde olduğu gibi yalan söylemiyorsun değil mi!?

SENİN GİBİ

İçki düşkünü bir adam vardı. Bir iki kadeh yudumladıktan sonra gevezeliğe başlar, aklına ne gelirse anlatırdı. Ne söylediğini bilmediği için, çocukluğunda, gençliğinde yaptığı rezillikleri anlatırdı. Güya çocuklarını neşelendirmek için, mahallenin çocuklarıyla nasıl kavga ettiğini, komşusunun bahçesinden nasıl meyve çaldığını, arkadaşlarının eşyalarını saklayıp onları nasıl aldatıp arattığını ballandıra ballandıra anlatırdı.

Çocuklar, babalarını zevkle dinler, ona daha çok şey anlattırmak için kahkaha ile gülerlerdi. Önlerine konan yemeği unutur, çatalı, kaşığı bir yana bırakırlardı. Kendisini zevkle dinlediklerini gören baba: "Hey gidi gençlik günleri hey! Ne neşeli, ne tatlı günlerdi..." der ve çocuklarını kendisine özendirirdi.

Baba, yaptığı hatanın farkına vardığında, çocuklar mahallenin celladı olmuşlardı. Mahalle halkı bu çocukların yaramazlıklarından yaka silker olmuştu. Gün yoktu ki birileri babalarına şikayete

gelmesin... Baba da duydukları şikayetler karşısında çok üzülür, çocuklarına nasihat ederdi. Ama çocuklar nasihatları dinlemez, kendi kendilerine: "Hadi canım, sanki sen çocukken aynı şeyleri yapmadın mı?... Biz de çocuk olduğumuza göre aynı şeyleri yapmaya bal gibi hakkımız var" derlerdi.

Komşular, şikayete geldikçe, babaları daha çok üzülür, çocuklarının neden böyle olduklarına şaşırır kalırdı.

Çocuklarınızın sizi dinlememesini, sizinle alay etmesini istiyorsanız, neyin nasıl yapılacağını onlara öğretmeden, rastgele onlara emirler verin. Hiçbir zaman yerine getirmeyeceğiniz tehditler savurun. Daha sonra sizi nasıl aşağıladıklarını göreceksiniz.

KONTROLSÜZ EMİR

Çocuklarını çok iyi terbiye ettiğini zanneden bir anne-baba vardı. Anne, daha çocuklar kahvaltıya oturmadan, emirler yağdırmaya başlardı:

– Oğlum, odanı toplayıp, temizlemeyi unutma! Elbiselerini dolaba as! Çamaşırlarını da çekmeceye koy!

Kızına da, her gün bardak, çatal ve kaşıkları yıkayıp kurulamasını, yatağından kalkar kalkmaz yüzünü yıkamasını söylerdi.

Bu ve buna benzer emirler devam ediyordu. Ama hiçbir gün yapılıp yapılmadığı kontrol edilmezdi. Çocuklar her gün aynı emirleri dinler, fakat hiçbirini yapmazlardı. Ne yataklar düzenlenir ne de bulaşıklar yıkanırdı. Emredilenler yerine getirilmediği gibi başka şeyler de darmadağın edilip öylece bırakılırdı.

Babalarının ise kuru ve haşin tehditleri meşhurdu:

— Bana bak oğlum! Şu kitaplarının dağınıklığından utanmıyor musun? Bir daha onları yerli yerine koymadığını görürsem vallahi hepsini sobaya doldurup yakarım.

Çocuklar, yağdırılan emirlerin, savrulan tehditlerin boş olduğunu çoktan öğrenmişlerdi. Bundan dolayı da, bir gün olsun odalarının toplandığını, kitaplarının yerli yerine konduğunu gören olmadı...

Zavallı anne-baba, sonunda çocuklarının alay konusu olmuşlardı.

İŞE YARAMAZ EMİRLER

Kuru tehditler savuran ve sinirlenmek için kendini zorlayan bir baba vardı. Onu bağırırken görenler, ilk anda, çok katı, dediği dedik bir adam sanırlardı.

Bu baba, hemen her gün çocuklarına emirler yağdırır, onları hiçbir babanın yapamayacağı tehditlerle korkutmaya çalışırdı.

"Şu kapıyı tekrar aç ve kapat! Nasıl kapandığını kendi gözlerinle gör! Kapıyı hızlı kapatıp saygısızlık etmekten utanmıyor musun? Sonra eğer ellerini yıkamadan bir daha sofraya oturursan, senin yemeğin bayat ekmek olacak. Şimdilik affediyorum. Ama bir dahaki sefere aynı şeyleri yaparsan, boz eşek sudan gelinceye kadar dayak atmazsam ben de ne olayım..."

"Bir daha izinsiz sokağa çıkmak, üstünü başını kirletmek yok. Bir daha yaramazlıklarını görürsem doğduğuna bin pişman ederim. Bunların şaka olduğunu sanma. Şaka olmadıklarını sen de göreceksin."

Bu sözler, bir baba tarafından çocuklarına hemen her gün söylenen, fakat hiç yerine getirilmeyen tehditlerdi. Bunların kuru tehditler olduğunu anlamaları uzun sürmedi. Çocuklar gülüp geçiyorlardı bütün bu tehditlere. Zira iyi biliyorlardı ki hiç biri yerine getirilmeyecek boş sözlerdi. Bundan dolayı da kapıları sert kapatıp odalarına gidiyorlar, ellerini yıkamadan sofraya oturuyorlar, izin almadan sokağa çıkıyorlar ve her türlü yaramazlığı yapıyorlardı.

Babanın elleri, ayakları titriyor, sinirden ne yapacağını şaşırıyordu. Hiddetinden masaya indirdiği yumrukla bardakları sarsıyor ve hatta onları kırıyordu. Bunun arkasından, onlara, ömürlerinde unutamayacakları bir ibret dersi vereceğini haykırıyordu.

Çocuklar, bunların hiçbirinden etkilenmiyorlardı. Üstelik babalarıyla içlerinden alay ederek şöyle diyorlardı: "Hadi canım sende!... Birazdan sinirlerin yatışır, tehditlerini unutur, birşeycikler yapmazsın..."

KİMİ KANDIRIYORSUN

Latife adında, çocuklarını terbiye etmekten aciz bir anne tanıyordum. Bu kadın yaramazlık yapmamaları için durmadan çocuklarına vaadlerde bulunuyordu:

"Çocuklar, yakında bayram geliyor. Kim daha akıllı ve daha uslu olursa, ona bayramda en güzel hediyeleri alacağım. Kim de huysuzluk yaparsa ona dayak var ve hediye de yok."

Latife Hanım, bunları söylerken daha bayrama bir iki ay vardı. Akıllı ve iyi bir çocuk olan Kasım, bu vaad üzerine daha dikkatli davranmaya başladı. Annesini sevindirmek ve gözüne girmek için elinden gelen bütün fedakârlığı gösteriyor, diğer kardeşlerinden dayak yese bile sesini çıkarmıyordu. İçlerinde en yaramaz olan Kadriye'nin ise yapmadığı haşarılık kalmıyor, kardeşlerinden habersiz onların oyuncaklarını alıp oynuyor, bu yetmiyormuş gibi bir de onları kırıp sağa sola atıyordu.

Uslu çocuk olan Kasım, kardeşi Kadriye'yi uyarıyor, böyle yaramazlık yaparsa hiçbir hediye alamayacağını hatırlatıyordu. Cin fikirli Kadriye, onun ikazlarına aldırış etmez, kahkaha ile güler ve şöyle derdi:

"Buna ancak senin gibi korkak çocuklar inanır. Bak göreceksin bayram geldiğinde annem, hepimize eşit hediyeler alacaktır. Hatırlamıyor musun geçen bayramda da aynı vaadlerde bulunmuş, fakat hepimize eşit hediyeler almıştı..."

Nihayet bayrama kavuşmuşlardı. Anne verdiği sözü unutmuştu. Herkese aynı hediyeleri almıştı. Kasım buna hayret ediyordu. Anne ise böyle davranmakla çocukları arasında ayırım yapmadığına inanıyordu. Halbuki Kasım'ın bütün iyi niyetleri boşa çıkmış âdeta annesinden nefret etmişti.

Bu yetmiyormuş gibi yaramaz Kadriye de Kasım'la alay edip şöyle diyordu. "Ben sana dememiş miydim? Annemin sözleri boştur. Böyle tutarsız anneden korkulur mu hiç?"

Kasım, o günden sonra, iyi bir çocuk olmak için hiç gayret sarfetmiyor, aldatıldığının acısını çıkartmak için diğerlerinden daha çok yaramazlık yapıyordu. Annesi, Kasım'daki bu değişikliğe hayret ediyor, sebebini bir türlü anlamıyordu.

> Çocukların, kardeşlerine karşı kinli ve kıskanç olmasını istiyorsanız birini sevginizden mahrum bırakırken, diğerine aşırı bir sevgi göstermelisiniz.

ÜVEY EVLAT

Çocuklar arasında ayrım yaptıkları halde, bunun farkında olmayan bir aile tanımıştım. Hasan ve Hakan, iyi kalpli olmakla beraber, mizaç ve huyları birbirinden farklı iki kardeştiler. Hasan, uyanık, akıllı, çevik ve neşeli; buna karşılık Hakan ise isteksiz, durgun, ciddi, içine kapalı ve pasif bir çocuktu.

Dış görünüşleri de çok farklıydı. Hasan sevimli, hoş ve sempatik bir yüze sahipken; Hakan, gayet ciddi ve asık suratlıydı, gülümsediği çok az görülürdü. Diğeri hoplaya zıplaya yürürken, o, yavaş yavaş hareket ederdi. Biri şaka yapmayı çok severken, diğeri şakalaşmaktan hiç hoşlanmazdı.

Görüntü anne ve babayı aldatıyor, Hasan'ın her dediği yapılırken, Hakan'a dönüp bakan olmuyordu.

Mesela, Hasan "Kiraz alabilir miyim?" dese, istediği kolay kolay reddedilmezken, aynı şeyi Hakan istese terbiyesizlik etmiş sayılırdı.

Kimse Hakan'ın kalbinin temizliğini bilmez, her zaman Hasan'ın çok daha iyi bir çocuk olduğu söylenirdi. Çocuklar bile Hasan ile oynar. Hakan'ı yanlarına almak istemezlerdi. Eve gelen misafirler de daima Hasan'a ilgi gösterir, onu över, Hakan'ın yüzüne bile bakmazlardı.

Bu durum öyle korkunç boyutlara ulaşmıştı ki anne ve baba Hasan'ı delicesine severken, Hakan'ı bir kenara ittiklerinin farkına bile varmıyorlardı.

Konuşurlarken sesleri bile çocuklara göre değişiyor, Hakan'a üvey evlatmış gibi davranıyorlardı.

Mesela su isteyecek olsalar Hasan'a:

"Hasan'cığım, bana bir bardak su getirir misin canım?" derlerken, diğerine;

"Hakan! Şu bardağı al ve çabuk su getir!" diyorlardı.

"Gel benim mavi gözlü küçük kuşum" diyorlardı Hasan'a "Bak sana neler getirdim. Ne kadar güzel kirazlar değil mi?"

Hakan'a da:

"Sen de kiraz istiyor musun?" diye soruyorlardı isteksizce.

Hasan, elini yüzünü çileğe batırsa şöyle karşılık buluyordu:

"Ah! Yoksa sen o güzelim Hasan değil misin? Elini yüzünü çilekle boyamışsın."

Aynı şeyi Hakan yapsa:

"Ne biçim olmuşsun böyle. Tıpkı leş yemiş köpeğe benziyorsun. İnsan biraz dikkat eder!" deniliyordu.

Görüldüğü gibi kardeşler arasında büyük ayrım yapılıyordu. Hasan en büyük terbiyesizliği bile yapsa çok az ceza görürken, Hakan ufacık bir hata yapsa dehşetli biçimde cezalandırılıyordu. Hasan, en güzel yiyecek ve içecekleri alırken, Hakan bakıp kalakalıyor, kardeşi gezmelere çıktığı halde, o evde oturmaya mecbur ediliyordu.

Elbiselerin en güzelini Hasan giysin, yiyeceklerin en güzelini Hasan yesin ve herkes Hasan'ı sevsin öyle mi?...

Hakan'ın kalbi gün geçtikçe kararıyor, Hasan'a karşı kıskançlık duyguları körükleniyordu. Sonunda kardeşinden nefret eder oldu. Nefretini, onu itip kakarak belli ediyordu. Yüzü hiç gülmüyor, fırsatını bulduğunda Hasan'ın defterlerini ve kitaplarını yırtıp elbiselerine leke sürüyordu. Bilerek, elinden gelen bütün kötülükleri kardeşine yapmaktan çekinmiyordu. Sık sık bağırıp çağırıyor ve onu adamakıllı dövmekten zevk alıyordu. Tabiî bu yaptıkları yanına kalmıyor, her gün ceza alarak günden güne kötüleşiyordu.

Anne-baba Hakan'ın neden böyle kötü huylu bir çocuk olup çıktığını anlayamadıklarından, onu Allah'ın kendilerine verdiği bir ceza olarak kabul ediyorlardı.

ERTESİ GÜN

Çok sert mizaçlı bir anneydi. Çocuklarından biri, küçük bir suç işlese elinden çekeceği vardı. Saçlarını çeker, tekme-tokat girişirdi. Ağızlarını burunlarını kanatıncaya kadar döverdi. Yorulunca kendini bir sandalyeye bırakır, bu sefer de nasihat ve tehditlere başlardı. Dayak yemeyen çocuklarını över, onlara iltifatlarda bulunurdu.

Nerede Hata Yaptık?

Yasemin, kızlarının en büyüğü idi. Bir gün suda oynamak istedi. Bahçeden topladığı birkaç ağaç parçasını eline alıp onları suyun üzerine bırakarak, kendi kendine: "Bu bir gemi..." diyordu. Sanki balık tutuyor gibi ellerini suya daldırıyordu. Bir taş parçası eline gelince de, heyecanla: " Aaa...! İşte bir balık yakaladım. Şu palamut, bu da sazan..." diye bağırıyordu. Sudan topladığı taşları sayarak "Ne kadar çok balık toplamışım" diyor ve seviniyordu. Kendini oyuna öyle kaptırmıştı ki, üstünü başını sırılsıklam ettiğinin farkına bile varmamıştı.

Oyunu bitirip eve döndüğünde, annesiyle karşılaştı. O anda elbisesinin ıslanmış olduğunun farkına vardı. Fakat iş işten geçmişti. Onu üstü-başı ıslanmış bir halde gören annesinin ilk işi, esaslı birkaç tokat atmak oldu. Zavallı Yasemin neye uğradığını şaşırdı. Bunu müteakip annesi saçlarından yakaladığı gibi odasına sürükledi. Odada bir iki tokat daha patlattı. Yavrucağın minicik yüzü çok acımış, elleriyle yüzünü kapatmıştı. Anne ise sinirli sinirli bağırmaya başladı:

"Hey Allah'ın cezası çocuk! Nedir senden çektiğim çile?... Allah cezanı versin. Ne kadar pasaklı bir kızsın. Şu üstüne başına bir bak. Çingene çocuklarından farkın yok. Elin çocuklarını görünce senin gibi bir kızım olduğuna bin pişman oluyorum. Keşke doğurmasaydım. Allah'ım bu çocuğa hiç utanma duygusu vermedin mi?... Şu söylediklerimi taşlara söyleseydim; utançlarından çatlarlardı. Ama onun yüzü bile kızarmıyor... Bak kardeşin Leyla ne kadar temiz ve güzel bir çocuk. Adeta banyodan yeni çıkmış gibi. O senin gibi pis şeylerle oynayıp üstünü başını kirletiyor mu hiç? Gel benim canım kızım Leyla, seni öpeyim. Acıkmışsındır; sana pişirdiğim taze çöreklerden vereyim. O da acından gebersin."

Ne acıdır ki, ertesi gün aynı cezayı övülen Leyla alıyor, bu sefer Yasemin öpülüyordu. Bu anne ne yaptığını bilmiyordu. Kendi tutarsız davranışlarının fenalığını aklına bile getirmiyordu.

Çocuklar bu sebepten birbirlerine amansız düşman kesilmişlerdi. Her seferinde övülen çocuk, cezalandırılan kardeşine kızıyor ve onu boğmak ister gibi bakıyordu.

Çocuklarınızın birbirlerini aşağılamalarına, kavga ve gürültü çıkarmalarına müsamaha gösterin. Suçun kimde olduğunu araştırmadan hemen dayak atın. Böylece çocukların birbirlerine düşman olacaklarını görürsünüz.

DAYAĞI YİYEN MEHMET

Mehmet'in çok hırçın, kıskanç bir kızkardeşi vardı. Fakat anne babasını aldatmasını bildiğinden, bütün suçlarını ağabeysine yüklüyor ve tabiî dayağı da zavallı Mehmet yiyordu.

Yaramaz Meryem, kardeşinin oyuncaklarını izinsiz aldığı gibi, onları kırıp bozmaktan çekinmiyordu. Ağabeyi, niçin böyle yaptığını sorsa, avazının çıktığı kadar bağırır, herkesi kendisine acındırırdı. Kızlarının bağırmasına koşan anne, niçin bağırdığının sebebini sormadan Mehmet'in üzerine yürür, ona çıkışırdı:

– Yine ne yaptın kardeşine!?

Mehmet'e kendisini savunacak bir kelime söylemeye fırsat vermeden dayağı atardı.

Hırçın Meryem, dayaktan kurtulmanın yolunu bulmuştu. Ağabeyi ile küçük bir anlaşmazlığı olsa avazının çıktığı kadar bağırır, sesini duyanlar ağabeyinin ona işkence ettiğini sanırlardı. Bundan dolayı da her defasında dayağı yiyen Mehmet olurdu.

Eğer Meryem'in suçu tesbit edilse Mehmet'e yine farklı davranılıyordu.

"Böyle ufak tefek şeyler için ne diye bu kadar bağırıp çağırıyorsun. Kes sesini" denilirdi.

Anne-babalarının bu tutumları, iki kardeşi birbirine düşman etmişti. Büyüdüklerinde bile anlaştıklarını gören olmadı.

> Çocuklarınızı insan sevgisinden mahrum etmek istiyorsanız, onların yanında sürekli insanların kötülüklerinden bahsedin.

ALAYCI OSMAN

Osman adında, şüpheci ve kuşkucu bir adam tanımıştım. Bu adamın işi gücü başkalarının dedikodusunu yapmak ve onlarla alay etmekti. Caddeye bakan pencerenin önüne sandalyesini öyle yerleştirmişti ki, oradan gelip geçen herkesi rahatlıkla seyredebiliyordu. Gün boyu dışarıya bakıyor, gelip geçenleri izleyerek onlar hakkında çocuklarına bilgi veriyordu. Değerlendirmeleri son derece alaycı ve çoğu zaman da yanlıştı. İsterseniz, bir kısmına kulak verelim:

– Hey, bakın çocuklar! Ustabaşının süslü kızı geçiyor. Allanmış pullanmış, kırıtıp duruyor. Bütün marifeti süslenip, püslenip sokağa çıkmak. Bu kızı alacak adama şimdiden acıyasım geliyor.

– Amanın, amanın! Şuraya bakın. Kim geliyor. Doktor Bey'in kibrine, gururuna bakın. Şu kibirli adım atışlarına bakan da onu adam sanacak. Sokaklara sığmıyor sanki. Daha dün damadından borç para aldığını unutmuş gibi. Hatırlatılsa herhalde utancından yerin dibine girer.

— Ay, ay, ay! Halim Usta... Saçın başın düzgün, fiyakan yerinde. Ama sırtına giyecek doğru dürüst bir gömleğin bile yok. Üzerine giydiğin emanet elbise fena sayılmaz. Ama altında eminim atletin bile yok!

— Vah zavallılar vah! Celal Bey'in çocuklarını seyredin hele. Nasıl da perişan dolaşıyorlar. Gerçi ölünün arkasından konuşmak günahtır ama, gerçekten rezil biriydi. Adam dolandırıcının tekiydi. Kendisinden başka kimseyi düşündüğü yoktu. Onun bunun malını helal haram demeden yedi. Eh işte, hayattayken yaptıklarının cezasını çocukları çekiyor...

— Hele şu kaba çiftçilerin çalımına bakın. Her şeyi çok pahalı satarken yüzleri bile kızarmıyor. Ne kadar çürük malları varsa bize yediriyor, iyilerini kendilerine saklıyorlar. Hasta tavukları, keser taze et diye satarlar. Cehenneme bu adamlar gitmeyecek de biz mi gideceğiz?...

— Vay vay Perihan Hanım... Onun geçmişini düşünüyorum da aklıma neler geliyor. Buralarda zevkine hitap edebilecek tek mağaza yoktur ve eminim şu anda canı muhakkak ızgara istiyordur.

— Şu Orhan Bey'in ne kadar art niyetli olduğunu yeni öğrendim. Çok kötü değer yargıları var. Ona göre hiç kimse iyi değil, herkes hatalı herkes kötü. Böyle sersemce bir düşünce ancak kendisine yakışır...

Osman Bey işte böyle biriydi. Çocuklar, babalarının sözlerini can kulağıyla dinliyor ve bu dünyada anne ve babalarından daha iyi, daha dürüst birilerinin olmadığına inanmaya başlıyorlardı. Artık herkese kötü gözle bakıyor ve hiçbir iyi davranışı göremiyorlardı. İnsanlardan nefret ediyor, onlara yüksekten bakıyorlardı. Zavallı insanların, fakirliği hakkettiklerine inandıklarından hiçbirine yardım elini uzatmıyorlardı. Büyüdüklerinde hiç yakın dostları olmamıştı. Yaşlılıkları ise aleme ibret olacak halde yalnızlık ve azap içinde geçti.

SENİN PARAN SANA LAZIM

Küçük Zehra, koşar adımlarla odaya girdi. Kumbarasını eline alıp acele acele para çıkarmaya çalıştı. Babası kızının, üzgün olduğunu görünce ona:

– Ne yapacaksın parayı kızım? diye sordu.

– Babacığım, dışarıda çok fakir ve hasta bir kadın var. Bugün hiçbir şey yemediğini, aç ve perişan olduğunu söylüyor, dedi.

– Kimmiş, neyin nesiymiş, sordun mu?

– Seniha Teyze. Hani geçen gün koltuk değneğiyle yürüyen yaşlı bir kadın vardı ya, işte o.

– Yaa, öyle mi? Bana kalırsa paranı boş yere harcama. Onlar, hayatlarını boşa geçiren zavallılardır. Git ve ona de ki: "Gençliğini değerlendirip para kazansaydın, şimdi bu duruma düşüp dilenmezdin!"

– Fakat babacığım, ona bunu nasıl söylerim!

– Öyleyse ben söylerim.

Babası dışarı çıktı ve yaşlı kadıncağıza ağız dolusu hakaretler savurmaya başladı:

– Hey moruk, bana bak! Başkalarına yük olmaktan utanmıyor musun? Vaktiyle sizin de eviniz, bağınız bahçeniz yok muydu? Ne yaptınız onları? Tabiî yiyip içip bitirdiniz.

Kadıncağız:

— Aman, Allah aşkına beyefendi, diye mırıldanınca adam daha çok hiddetlendi.

— Kes sesini, utanmaz kadın! Daha ne duruyorsun. Defol git! Yoksa...

Oradan uzaklaşırken kadının gözlerinden yaşlar akıyordu.

Kalbinde zerrece insan sevgisi bulunmayan bu adam, fakirlere karşı hep böyle davranırdı. Bazen, birisine tek kuruşluk yardım etse, iğneleyici sözleriyle bedelini pahalıya ödetirdi. Sık sık: "Bunlar hem tembel, hem de hırsızdırlar. Hiç çalışmadan onun bunun sırtından geçinmek istiyorlar. Zamanında hayatını zevk ve eğlence peşinde tüketen elbette kendisini fakirliğin kucağında bulur. Madem dünyaya geldiniz, o halde kazanıp yemesini bilmelisiniz..." gibi sözler söylerdi.

Babasının bu tür konuşmasıyla, Küçük Zehra'nın kalbindeki yardım etme duyguları tükeniyordu. Artık fakirlere karşı hissiz ve soğuk davranıyordu. Hatta onlardan nefret bile etmeye başlamıştı.

Ne zaman bir fakir veya dilenci ile karşılaşsa, görmemezlikten gelerek geçip gidiyor ve bunların hiçbir işe yaramayan sefil insanlar olduğunu düşünüyordu. Sonunda kendi kendine "Onu, bunu ne yapacaksın? Senin paran sana lazım!" der oldu.

Çocuklarınızın sizi aşağılamasını istiyorsanız sürekli hatalarınızla onlara örnek olun.

ÖRNEK BİR AİLE

Sinirli bir baba ile çok alıngan bir anne tanımıştım. Genellikle araları iyiydi. Fakat birbirlerine karşı çok hassastılar. Çok önemsiz şeylerde araları açılır ve konuşmaları hemen tartışma haline dönüşürdü.

Sabahları uyandıklarında birbirlerine karşı kibarca davranırlardı. Ancak kısa bir süre sonra bozuşur, birbirlerine köpürür ve hakâretli sözler sarfederlerdi.

İsterseniz çocuklarının da dinledikleri, aralarında geçen bir konuşmaya kulak verelim:

– Karıcığım şu dünyada senin gibi iyi bir insan var mı acaba? demesine karşılık hanımı,

– Belki en iyi insan sensin, deyip dururken birden konuşmasının şekli değişti:

– Karıcığım, gözünden kaçmış galiba. Oğlumuzun ceketindeki şu sökük bir haftadır öyle duruyor!

— Sen ne nankör bir adamsın! Evde kaldığın gün bir yolunu bulur, hır çıkarırsın. Ceketin söküğü bahane, senin niyetin bana hakaret etmek.

Adam hemen iyi niyetini unutup, kendisini yanlış anlayan hanımına kızıp hakaret etmeye başladı:

— Sözüm hiç dinlenmez oldu. Bazen bu evin reisi ben değil miyim diye düşünüyorum. Bu kadarcık şeyi hatırlatmaya hakkım yok mu? Hem suçlusun hem de güçlü. Yemeğin dibi tutar, sesimiz çıkmaz; kirli gömlekle işe gönderirsin yüzüne vurmayız...

— Ooo... Beyefendi! Yine hakimiyeti elinde tutmak istiyorsun. Hah haay, güleyim bari! Bir de tutmuş adam beğenmiyor. Ayol, doğru dürüst bir iş becerdiğin olmuş mudur? Neye elini atsan bozarsın. Tamir etmeye kalkışıp da eskisinden beter ettiğin ayakkabılarım daha kapının arkasında duruyor. Sen ha, evin erkeği!...

— Demagoji yapma! Yine saçmalamaya başladın. Benim gibi bir kocaya düştüğüne dua et.

— Şuna bakın çocuklar! Kendisini kaf dağında görüyor. Ayol, senin gibi sersemi nerede olsa bulurdum. Ne yapayım, kötü kader işte...

— Ağzından çıkanı kulağın duysun! Ne demek istiyorsun böyle. Durmadan çene çalıyor, çocuklarının dilenciler gibi ortalıkta dolaşmasına göz yumuyorsun. Utan utan. Çamaşırlarını insaf sahibi birine göstersem kim bilir ne der?... Şu pasaklı haline bak; bir çingene karısı bile senden daha intizamlıdır!

Ve daha buna benzer ne atışmalar ne tartışmalar... Çocuklar, onları dikkatle dinliyor, hatta anne ve babaları bazen onları aralarında hakem bile yapıyorlardı. Hangisine hak vereceklerini şaşırıyorlardı. Her ikisi de haklı olduğunu göstermek ve çocukları kendi tarafına çekmek için üstün bir gayret sarfediyorlardı.

Öyle bir zaman geldi ki çocuklar tıpkı onlar gibi birbirlerine hakaret ediyor ve anne babaları, kendilerinden bir şey istediklerinde onların isteklerini yerine getirmiyorlardı.

Anne ve baba, çocuklarının niçin böyle olduklarını düşüne dursunlar bakalım...

Çocuklarınıza küçük yaştan itibaren, zavallı ve masum insanların acılarıyla alay etmeyi öğretin. Onlar da muhakkak böylece zalim ve acımasız olacaklardır.

İZİNDEYİM BABA!

Köyün birinde İsmet adında acımasız bir adam vardı. Canlılara acı çektirmekten zevk alan, bir acı nida duysa kahkahayla karşılık veren barbar biriydi. Köy halkından ve komşulardan onu seven bir tek insan bile yoktu.

Yemeklerden sonra onun alışılagelmiş bir eğlencesi vardı. Köpeğinin kulaklarından tutup havaya kaldırır, onu sağa sola sallar, hayvancağız çırpınınca da tekme ve kamçıyla iyi bir döverdi. Zavallı hayvan acıyla kıvranırken, o, kahkaha ile güler, hayvancağızın acısıyla alay ederek eğlenirdi.

Bir ata binse, çatlatırcasına koşturur, atarabasına başkalarının yüklediğinin iki katı yük yükleyerek, hayvancağızı kırbaçlamaktan zevk alırdı. Onun yürüyemeyecek atları böylesine dövdüğünü görenler gözlerini kapatmak zorunda kalırlardı.

Karısı, yediği dayaklar yüzünden kötürüm olmuştu. Daha geçen gün anahtarları kaybettiği için acımasızca dövülmüş, bu yüzden de yataktan çıkamaz hale gelmişti.

Bu zalim adam, çocuklarına da acımasızdı. Bir yaramazlık yaptıkları zaman, onları ağaca bağlar, ağızlarından burunlarından kan gelinceye kadar döverdi.

Bir defasında, zavallı bir çoban, yanlışlıkla koyunlarını onun çayırından geçirmişti de, öyle bir dayak yemişti ki, bir hafta yataktan kalkamamıştı.

Birisiyle münakaşa ettiği zaman, en yumuşak sözleri şunlardı:

"Beni kızdırma, seni parça parça doğrarım! Bana kafa tutan adamı anasından doğduğuna pişman ederim!"

Kendisini uyarmak isteyenlere de: "Ben böyleyim işte. Canı isteyen gelip beni ziyaret eder, istemeyen gelmez. Zaten hayatta bir defa öleceğim. Ha yatakta ölmüşüm, ha sokakta..." diye cevap verirdi.

İsmet'in neden böyle acımasız, katı ve zalim olduğunu çok merak etmiştim. Bunu araştırırken, onun çocukluk arkadaşlarından biriyle tanışmak nasip oldu. Ona İsmet'in neden bu kadar zalim olduğunu sordum. Arkadaşı şunları anlattı:

"Bunun sebebi gayet basittir. Zamanında İsmet'in babası da aynen kendisi gibi zalim biriydi. Öylesine barbar ruhlu bir adamdı ki oğullarından ikisi, zulmüne dayanamayıp evden kaçtılar. Küçükken babasının buna nasıl davrandığını bilseydiniz, şimdi onun niçin böyle acımasız biri olduğunu anlardınız. Ben komşu çocuğu olduğum için arada sırada onlara uğrardım. Daha dün gibi hatırlıyorum. Babası, İsmet'i eğlendirmek için kuş yuvalarını bozdurtur, o da yakaladığı kuşları babasına verir, babası da çocuğun gözleri önünde zavallı hayvancıkların kanatlarını yolar, bacaklarını koparır, kuşlar kan revan içinde çırpınırken büyük bir zevkle güler, çocuğunu da güldürürdü. Ayrıca köpek yavrularına, küçük buzağılara ve güvercinlere de benzer işkencelerde bulunduğunu çok görürdüm. Size bir misal daha vereyim isterseniz. İsmet'in babası, tavukları bile normal yolla kesmezdi. Önce tavuğun gırtlağını hafifçe keser, sonra oğlunu çağırarak hayvanın çırpınmasını seyrettirirdi. Hayvancağız can havliyle debelenirken onlar kahkahalarla gülerlerdi."

Çocukluk arkadaşının anlattıklarını dinledikten sonra, İsmet'in niçin zâlim bir insan olduğunu anlamam zor olmadı. "Evet" diye mırıldandım. Böyle yetişen bir çocuğun zalim olması çok normaldi. Kısacası İsmet babasının yolundaydı.

> Çocuğunuz birisine öfkeliyse onu destekleyip kışkırtın, böylece onların yüreklerine intikam hırsını rahatça yerleştirmiş olursunuz.

"SANDALYE DE DÖVER Mİ?" DEMEYİN...

Çocuklarını iyi terbiye ettiklerini zanneden cahil bir aile vardı. Küçük oğulları İhsan bir yere çarpıp düşmeye görsün... Çığlığı basar, anne babası korku ve telaş içinde koşar gelir, çocuğu yatıştırmak için bin dereden su getirirlerdi. Ona nereye düştüğünü, yahut neye çarptığını sorduktan sonra, ellerine birer sopa alır ve "İğrenç taş, sen kim oluyorsun da İhsan'ı düşürüyorsun?" diyerek taşı döverlerdi. Yahut: "Seni adi sandalye! Bu küçücük yavrunun kafasına çarparsın ha? Şimdi sana dayak çekelim de gör bakalım" gibi sözler sarfederlerdi. Yaptıkları yetmiyormuş gibi sopayı bu sefer çocuklarının eline verir ve sandalyeyi dövmesini isterlerdi. İhsan gerçekten, suçun bu eşyalarda olduğuna inanır ve hırsı, siniri yatışırdı.

Annesi, yüzünü yıkarken hiç rahat durmaz, bunun kasıtlı yapıldığını sanırdı. Kadınsa, ona yüzünün nasıl kirlendiğini soracağı yerde suçu hep oyun arkadaşlarında bulur ve "Benim yavrumun elini yüzünü mutlaka o pis çocuklar kirletmiştir. Ben onlara gösteririm..." der ve İhsan da gerçekten yüzünün kirletilmesine arkadaşlarının sebep olduğuna inanır, onlara kızar ve içinden kin duyardı.

Elbiselerinin kirlenmesine ise, evdeki kedi ve bahçelerindeki köpek sebep olarak gösterilirdi. O da her defasında elbisesinin kirlenmesine sebep olarak kedi ve köpeği gösterirdi. Zamanla kendisi de buna inanmaya başlamıştı. Elbiseleri yıkanmak için çıkarıldığında canı sıkılır, hırsını zavallı köpek ve kediden alırdı. Kaptığı sopayla hayvancıkları kafa göz demeden döverdi. Zavallı hayvanlar onu görünce kaçacak delik ararlardı.

İhsan, artık karşılaştığı her ters şeyde suçu başkasına yüklemeye ve öfkesini ondan çıkarmaya alışmıştı. Özellikle, kendisine yakın olan hizmetçilerin başı onunla dertteydi. Onlara vuruyor, ellerini ve yüzlerini tırnaklıyor yahut ısırıyordu. Anne ve babası, bütün bunları gördükleri halde seslerini çıkarmazlar, üstelik çocuğu teşvik için kıs kıs gülerlerdi. Bir defasında İhsan'ın ısırmasıyla canı fena halde yanan hizmetçi, acısından sırtına bir tokat vurdu. Vay aman, sen misin çocuğa vuran... Annesi hizmetçinin üzerine yürüdü: "Sen kim oluyorsun da çocuğumu dövüyorsun? Ufacık bir çocuk senin ayı derisi gibi kolunu nasıl ısırabilir?"

İhsan, böyle terbiye edilmiş ve böyle büyümüştü... Büyüdüğünde anne ve babasını bile dövüyor, aşağılayıcı sözler söyleyerek onlarla alay ediyordu. Anne ve babası ondan korktuklarından ses çıkaramazlardı. Birisi, ona ufak, dokundurucu bir şey söylese hemen üzerine yürüyor, eğer ondan intikamını alamazsa önüne ne gelirse deviriyor, kırıyordu.

Anne ve babası şaşıyorlardı. Oğullarının neden böyle davrandığına bir türlü akıl erdiremiyorlardı. Yoksa Allah'ın kendilerine verdiği bir bela mı idi?

> Birileri çocuğunuzu aşağılar veya ona hakaret ederse, siz bunu iyice abartın ki kalbindeki kin ve intikam hisleri eksilmesin.

NECATİ'NİN İNTİKAMI

Necati, okuldan çıktıktan sonra hemen eve gitmez arkadaşlarıyla oyun oynar, çeşitli yaramazlıklar yapardı. Bir defasında oynarlarken attığı bir taş Ahmet'in dizine değmişti. Oyunun sonuna doğru bu sefer Küçük Ahmet'in attığı taş, Necati'nin alnına rastgelmiş ve kafası kanamaya başlamıştı. Bunu gören diğer afacanlar:

– Eyvah! Necati'nin kafası yarıldı, diye bağırdılar.

Durumun farkına varan Küçük Ahmet, çok üzüldü ve Necati'ye sarılarak onun gönlünü almaya çalıştı:

– İnan ki isteyerek yapmadım. Sana değeceğini düşünemedim. Senin taşın da benim dizime değdi, ama önemli değil. Gel musluğa gidip başını yıkayalım.

Necati'nin kanını temizleyip yıkadı ve cebinden mendilini de çıkarıp yüzünü kuruladı. Fakat Ahmet, Necati'nin babasının çok kötü bir adam olduğunu bildiğinden, ona yalvardı:

– Ne olursun, babana benim yaptığımı söyleme.

"Düştüm başım yere çarptı" de. İnan ki böyle olmasını hiç istemezdim. Çok üzgünüm. Babana benim yaptığımı söylemeyeceksin değil mi?

Arkadaşının yalvarmalarına dayanamayan Necati, onu affetti. Babasına söylemeyeceğine dair söz verdi. Babasına hiçbir şey söylemeyecekti.

Necati, eve vardı. Ne var ki olayı örtbas edemedi. Alnındaki yarayı göstermemeye çalıştı ama, beceremedi. Annesi, bunu farketmiş, sanki yarayı alan kendi alnıymış gibi basmıştı feryadı:

– Hey babası, çabuk buraya gel! Felâket, felâket... Az daha gözü çıkacakmış. Aman, Allah korumuş!

Babası, koşarak geldi. Necati'nin kafasındaki yarayı görür görmez bağırarak sordu:

– Ne oldu sana? Başını kim yardı? Allah korusun, tam gözünün üzerinde. Söyle bakalım, ne yaptın?

Necati, başını önüne eğdi, korkak ve titrek bir sesle:

– Düştüm... diyebildi.

– Nasıl düştün öyle?

– ...

– Kim bilir nerede ne yaptın?

– Caminin yanındaki tarlada oynuyorduk...

– Kiminle?

– Eyüp, Yusuf ve Ahmet vardı.

– Tamam, şimdi ben onlardan gerçeği öğrenirim. Yalan söylediğini anlarsam, artık sonunu sen düşün!

— Ben sadece birinin bana taş attığını biliyorum.
— Kimdi ha? Söyle bakalım.
— Herhalde Ahmet'ti...
— Vay âdi soytarı, vay terbiyesiz velet... Taş atmak ha!...
Hanımına dönerek, "Görüyor musun Neriman, biraz daha aşağı değse gözü çıkacakmış çocuğun. Dur bakalım, bunu onun yanına koymam ben" dedi.

Adam, bu sözlerden sonra Necati'nin elinden tutarak, adeta sürükleyerek, Ahmet'lerin evine doğru yürümeye başladı. Yolda, ona buna oğlunun kafasını gösteriyor ve ağzına gelen her türlü hakaretlerle Ahmet'i cezalandıracağını söylüyordu. Necati'nin alnını görenler, bunu yapanın cezasız kalmaması gerektiğini de söyleyince çocuğun fikri tamamen değişti. "Ahmet âdi bir çocuk" diye düşündü. Herhalde kendisini öldürmek istercesine savurmuştu o taşı...

Evin önüne geldiler. Babası kapıya öyle bir tekme indirdi ki içerdekiler, deprem oluyor zannettiler... Ahmet'in babası, dışarıda toplanan kalabalığı görünce büyük bir korku ve heyecana kapıldı. Kapıyı açıp ne istediklerini sordu. Necati'nin babası, ortalığı velveleye veren bir sesle ağız dolusu hakaretlerde bulundu. Asmaktan, kesmekten söz etti. Bunlar yetmiyormuş gibi dava açıp onları hapse attıracağını söyledi. Ahmet'in babası daha fazla dayanamadı ve kapıyı yüzlerine kapayarak içeri geçti. Oğlundan gerçeği öğrenince rahatladı. Bir daha böyle tehlikeli oyunlar oynamamasını istedi.

Ne var ki Necati'lerin evinde daha günlerce bu konu gündeme gelmiş ve zavallı çocuk, arkadaşına karşı amansız bir düşman kesilmişti. "Fırsatını bulur bulmaz, intikamımı alacağım!" diyordu.

VEREM EDEN ANNE

Nimet Hanım, evinin güzel görünmesine elbiselerinin şık olmasına çok özen gösterir, bu uğurda zorunlu masraflarını bile kısardı. Sahip olduklarının kıymetini bilmez hep şikayetçi olurdu. Haline şükrettiğini gören olmamıştı. İçine düştüğü durum ağrına gidiyor, bu durumunu telafi etmek için başkalarının düştüğü sıkıntılara seviniyor ve böylece kendisini avutuyordu. Gerçek şu idi ki, başkalarının zengin olmasını, miras yönünden nasiplerinin bol olmasını, mutlu evliliklerini gördükçe ve düşündükçe için için eriyordu.

Zengin bir iş adamı ile evli olan kendi kızkardeşinin mutluluğu bile onu çileden çıkarıyordu. Eniştesinin dükkanı boş kalmıyor, müşteriyle dolup taşıyordu. Çünkü adam, müşterileri tarafından çok sevilen, dürüst ve anlayışlı biriydi. Nimet Hanım, evlerinin karşısındaki eniştesinin dükkanını seyreder, temiz giyimli insanların çantalar dolusu alış-veriş etmelerine bütün hırsıyla bakardı. Sonra da yanındaki solgun benizli kızına bakar kendi kendine hayıflanırdı.

Ah, yüreğini sızlatan kıskançlık... Kardeşi, mutlu yuvasında sefa sürmekte, canının her istediğine kavuşmakta, iffetli ve asilzâde bir hava içinde gezip dolaşmaktayken, Nimet Hanım'ın yüreği kanıyordu. "Benim kimim var?" diyordu. "Bana kim ne alır?"

Bir gün bakkala alış-veriş için gittiği sırada, komşu kadınlardan birine yüklü bir miras kaldığını öğrendi. Hasedinden alacaklarını unuttu, neredeyse kıskançlıktan ağlayacak gibi oldu. Eve dönünce, kızını çağırdı, dudakları titrer bir halde:

"Duydun mu Halise, şu havasından geçilmeyen komşumuz Neriman var ya; büyük bir mirasa kondu, devlet kuşu başında... Artık şimdi havasından yanına varılmaz. Zaten nerede kötü insan varsa şans onlara güler. Ah, dünyada onları gördükçe insanın çatlayası geliyor!...

Görürsün, şimdi aynalar, mobilyalar, yeni koltuk takımları alarak bizi küçük düşürmeye çalışır. Şan ve şeref kazanır. Doğrusu ben onlara itibar etmek istemiyorum. Davranışlarına tahammül edemem. Öyle inanıyorum ki, ben bugün ölüp gitsem; bu gibileri sana bir kuru ekmek bile vermezler... Ben yalnız sana acıyorum Halise... Zavallı kızım, herhalde böyle bir hayat sürdüğün için bana beddua ediyorsundur, değil mi?..."

Halise'nin annesi, bu son cümleleri öylesine acıklı bir sesle söylemişti ki, kızcağız içini çekti.

Zavallı kızcağız ağlıyordu. İyi kalpli biri olduğu için bu konuşmaları anlayamıyor, annesine bir türlü hak veremiyordu. Ne var ki onun ağlamasını gören annesi çileden çıkıyor ve kendisine kızıp duruyordu. Neticede Halise'nin kalbinde kıskançlık duyguları kabardı. Zenginlere karşı büyük bir kin duymaya başladı. İnsanı yiyip bitiren bu amansız duygu sebebiyle gittikçe gücünü yitirdi. Hiç iyi bir gün geçiremiyor, her gün can sıkıntısından patlayarak perişan bir hayat sürüyordu.

Çocukluk arkadaşlarından biri zengin bir adamla evlenip de güzel elbiseler giyse ve mutlu olsa, Halise, sinir krizi geçirmeye başlıyordu. Kıskançlık kalbini bir kurt gibi kemiriyor ve gözlerine uyku girmiyordu.

22 yaşına geldiğinde yüzü solmuş, âdeta yürüyen bir iskelete dönmüştü. Bu zavallı kızla evlenmek isteyen de o güne kadar çıkmamıştı. Annesinin yanlış ve öldürücü eğitimine kurban gittiğini bilemeden genç yaşında yakalandığı veremden ölüp gitti.

Çocuklarınıza, başkalarının uğradığı felâketler karşısında sevinmeyi öğretin. Onlar diğer insanların mutluluklarına kızıp, kıskansınlar ve böylece kalplerindeki sevgi ve merhamet duyguları kaybolsun.

ÖLÜME SEVİNMEK

Nurdan Hanım, başkalarının felâketlerinden zevk alan, mutsuz ve perişan olduklarını görünce de kalbi sevinçle dolan hilkat garibesi bir kadındı. Çevresinde birilerinin kötü haberlerini almadığı gün huzursuzluktan hasta olurdu. Birkaç yıl önce teyzesinin dul kaldığını öğrenince pek sevinmişti. Şimdi de zengin teyzesinin öldüğüne seviniyor, haberi getiren kadına "Doğru mu?" diye sorup olayı iyice tasdik ettirmek istiyordu. Kendisine hiç bir kötülüğü dokunmayan teyzesinin ölüm haberini duyunca adeta bayram ediyordu. İstiyordu ki gelen habere bütün aile halkı sevinsin. Sevincine ortak olması için kızı Ayşe'yi çağırdı ve ona başladı anlatmaya:

"Gel Ayşe'ciğim, bak sana ne haberim var! Bizim şu asık suratlı, şişko dul teyzemiz var ya, işte o ölmüş. Bu dünya bir cimriden daha kurtulmuş oldu. Allah'ım şu dünyada onun kadar cimri, onun kadar gösterişine düşkün bir kadın daha var mıdır? Bize üç beş kuruş yardım yaparken nasıl da gururlanırdı...

Sanki o kadar malı kendisiyle mezara götürecekti. Başkalarının felâketine sevinmek iyi değil ama, o ablak suratlı, cimri kadın bunu haketmişti. O kadar malı bırakıp gidiyorum diye ölürken kimbilir nasıl da işkence çekmiştir."

Nurdan Hanım, o akşamı, gözlerinin içi gülerek geçirdi. Ziyaretine gelen arkadaşlarıyla rahatça sohbet etti. Onlar, teyzesi öldüğü halde hiç de üzgün görünmeyen Nurdan Hanım'ın haline şaşırdılar.

Kızı da annesinin haline şaşırıyordu. Annesinden insanları kötüleyen sözler duya duya, durumu kendilerinden daha iyi olan insanlara kin duymaya başladı. O da yavaş yavaş başkalarının ölümüne sevinen bir çocuk olmuştu. Başkalarının başına felâketler yağdırması için Allah'a dua ediyordu. Duyduğu felâket haberlerine de seviniyordu.

Annesi günün birinde öldüğünde geçmiş olsuna gelen olmadı. Ayşe de annesinin ölümüne hiç üzülmedi. Katılaşmış bir kalpte sevgi ve merhametin yeri olur mu?

Çocuklarınızı, bazı hayvanların kirli ve pis olduklarına inandırabilirseniz, onları diğer hayvanlardan da tiksindirebilirsiniz.

PİS KARGA

Kerem'in babası, kargaları yakalamak için tuzak kuruyordu. Kerem, merakla sordu:

— Ne yapıyorsun orada babacığım?

— Evimize gelen kargaları yakalamak ve öldürmek için tuzak kuruyorum.

— Ah zavallı hayvancıklar! Sana bir şey mi yaptılar?

— Şimdilik bir şey yapmadılar ama, yapabilirler. Eğer mutfağın içine girerlerse oraları delik deşik ederler; un çuvallarımızı deler, pirinç ve bulgurların sonunu getirirler...

Kerem, tuzağa bir karganın düşüp düşmediğini anlamak için erkenden kalkıp geldi. Gerçekten tuzakta bir karga vardı ve çırpınıp duruyordu. Hemen onu tuzaktan çıkarıp eline aldı. Başını okşadı. Gagasını sevdi. Yumuşak vücudunu okşadı. Sonra onu annesine göstermek için merdivenlerden koşarak çıktı. Annesi, Kerem'in elindekini görür görmez öyle bir çığlık attı ki, ta bahçedeki kocası bile koşarak eve geldi. Adam, oğlunun tuttuğu kargaya bakarak bağırdı:

— Aman Allah'ım! Bir karga bu. At onu yere. Çok pistir.

Kerem, donup kalmıştı. Demek çok pisti bu hayvancık ha?...

Fakat, bir türlü bırakmak istemiyordu kargayı. Babası adeta yalvardı:

— Eğer onu bahçeye atıp öldürürsen, sana bir avuç dolusu ceviz vereceğim, dedi.

Kerem, ikna oldu. Bahçeye çıktılar. Kargayı elinden bıraktı. Hayvan bir yere kaçamıyordu. Fakat çocuk, onu tekrar eline almayı hiç düşünmedi. Hatta:

— Ne kadar çirkin şeymiş bu, dedi. Üstelik çok pis ve kirli...

Bu korku ileriki yaşlarında da Kerem'in peşini bırakmadı. Ne zaman bir karga görse adım adım geri çekiliyor, eğer karga üzerine doğru gelmeye başlasa bayılacak gibi oluyordu. Arkadaşları, onun bu karga hatta hayvan korkusuyla sürekli alay ettiler.

Çocuklarınız, tabiatın güzellikleriyle ilgilenmek isterlerse buna mani olun. Onları değişik telkinlerle bu duygudan vazgeçirmeye çalışın. O vakit tabiata karşı duyarsız ve hissiz olacaklardır.

"AT O PİS BÖCEĞİ ELİNDEN!"

Küçük Hamid, elişleriyle uğraşan bir babanın oğluydu. Bahçesi olmayan dar ve küçük bir kulübede oturuyorlardı. Çocuk, bu kulübeden gökyüzünün ancak bir parçasını görebiliyor, tabiatın bütün güzelliklerinden habersiz yaşıyordu. Bazı günler, babası, onu kıra götürmeye karar verdiğinde sevinçten uçardı. Çünkü tabiattaki her şey onun için yeni sayılırdı. Kırda bir böcek, bir tırtıl, bir kuş görse hemen babasını çağırır, onun da bunları görmesini isterdi.

– Ne güzel bir böcek... Ne güzel bir kuş! diye bağırırdı. O zaman babası kızar:

– Hiç mi kuş görmedin hayatında! diye azarlardı.

Bir defasında küçük bir tırtıl görmüş ve onu eline almıştı. Şaşkınlık ve heyecan içinde bakıyordu. Sonra onu babasına gösterdi.

– Bak baba, ne kadar güzel bir böcek değil mi?

Babası şöyle cevap verdi:

— At o pis böceği elinden. Şimdi yumurtasını eline bırakırsa görürsün...

Her şeye rağmen Hamid, kırları çok seviyordu. İlgisini çeken her şeyi eline alıp onlarla ilgileniyor, oyalanıyor, bu durum ise babasının hiç hoşuna gitmiyordu. Onu bir an bile olsun beklemek istemeyen adam sık sık kolundan tutup sürüklüyor, "Dikkat et, bir daha böyle yaparsan seni evde bırakırım!" diye tehdit ediyordu.

Adam, çocuğun geride kalmaması için bazen ona hızlı yürümesini eğer böyle yaparsa kendisine sütlü çikolata alacağını da söylemekteydi.

Bütün bu davranışlar Hamid'in tabiata ve canlılara olan sevgisini azaltmaktan başka bir işe yaramıyordu.

Büyük bir adam olduğunda da somurtkan, asık yüzlü bir kimse olarak tanındı. Geçmişini sorduğunuzda size hiç birşey anlatmaz, ara sıra gezmeye çıktığında cıvıl cıvıl öten kuşlara, açan çiçeklere, etrafında uçuşan serçelere yüzünü bile çevirmezdi.

Bir defasında tepsi gibi kocaman, pırıl pırıl parlayan ve yüzünü aydınlatan aya bakıp:

"Hey arkadaşlar! Şuna bakın kalaylı bir baklava tepsisine benziyor. Ama içinde baklavası olmayınca ne işe yarar ki!" dedi. Arkadaşları, bu kaba şakaya hiç gülmediler. O da niçin gülmediklerini anlamaktan zaten acizdi.

Çocuklarınıza, henüz öğrenim yaşına gelmeden, ısrarla yabancı dil öğretmeye çalışın. Kabiliyetlerinin nasıl köreldiğini göreceksiniz.

İNGİLİZCE ÖĞRENMEK

Profesör Bey, bir erkek çocuğunun olduğunu öğrenince çok sevindi. O sırada çok önemli kabul ettiği bir kitabı, uykusunu feda ederek incelemekteydi. Kitabı bırakıp hanımının yanına koştu ve onu tebrik etti. Çocuğunun kendisine benzediğini ve çok zeki olacağını düşünerek çok sevindi. "Benim gibi yetişmesini sağlamalıyım" diye düşündü. Kendi kendine "Ona aşırı bir özen göstermeliyiz" diye mırıldandı. Artık o zamandan sonra aşırı bir titizlikle çocuğunun üzerine titriyordu. Ona dil öğretmek için bir an önce konuşmasını istiyor ve sabırsızlanıyordu.

Nihayet çocuk dört yaşına bastığında "Artık bazı şeyleri öğrenmesi lazım" dedi. Başlangıçta oğluna, masa kelimesinin İngilizcesini öğretti. Daha sonra da günde beş kelime öğretmeye başladı. Öyle bir disiplin başlamıştı ki çocuk sokağa çıkıp arkadaşlarıyla oynayamıyordu. Zamanla kelime ezberletmeyi artırdı. Çocuk ezberlediği kelimelerin çoğunun ne manaya geldiğini bilmiyor ve babasına soruyordu. Fakat baba, artık çocuğun sözlüğe bakması gerektiğini ve kendisinin de pek zamanının olmadığını söyleyerek, başından savıyordu. Ama, küçük yavrusuna her gün İngilizce kitaplar getirip okumasını istemeyi bırakmıyordu. İşin garibi sayın profesör, İngilizceyi yeterince bilmiyor, bu noksanlığını çocuğu ile telafi etmeye çalışıyordu.

Küçücük yavru babasından sorduğu soruların cevabını alamayınca, artık ona soru sormaktan vazgeçti. Kendisine her gün verilen bir sayfalık İngilizceyi manalarını bilmeden ezberliyordu. Daha sonra da klasikleri okumaya zorlandı. Bunları anlamak çok zor olduğundan gençliğini o kitapları okumakla geçirdi. Anlamak için boş yere ömrünün en verimli dönemini harcadı.

Geçenlerde babasının öve öve bitiremediği oğlunu ve bilgili babasını ziyaret etme fırsatı bulmuştum. Profesörün çocuğunu nasıl yetiştirdiğini merak ediyordum. Çocuk Avrupa'dan yeni dönmüştü. Londra'nın cadde ve sokaklarını bir İstanbullunun İstanbul'u bildiğinden daha iyi biliyordu. İngiltere'de gördüklerini anlatırken babası gülümsüyordu. Ne var ki delikanlı, kendi kültürüne, kendi inançlarına, zevklerine tamamen yabancılaşmıştı. Tabiata karşı ise hiç mi hiç ilgisi yoktu. Dolgunluktan başlarını eğmiş çavdarlara baktığımı görünce sordu:

– Neye bakıyorsun öyle?

– Çavdarlara, dedim.

– Çavdar da ne işe yarar, deyiverdi.

Bir adım ilerideki tırtılları gösterdiğimde "Onları rahatsız etme. Şimdi yumurtalarını bırakıp kaçarlar" dedi. Gülmemek için kendimi zor tutuyordum.

Bilgili profesörümüz belki sahasında gerçekten yeterliydi. Ama çocuk eğitimi, hiç de onun sandığı gibi bazı şeyleri ezberletmekle bitmiyordu.

Birkaç yıl sonra bilgili babanın oğlunun kendi öz memleketinde arkadaş bulamadığını ve bu sebepten de ömür boyu Avrupa'da kalmak üzere gittiğini duydum.

Çocuklarınıza cinlerden, hayaletlerden, büyüden, peri masallarından, kötü kalpli cadıdan bahsedin. Böylece onların her gece cin ve hayaletlerden korktuklarını göreceksiniz.

KORKULU GECELER

Çocuklar, Celal Usta'nın anlattığı cin, peri ve hayalet hikâyelerini can kulağıyla dinlerler, yürekleri korkudan ağızlarına gelse de bundan vazgeçmezlerdi. Celal Usta, çocukları daha da heyecanlandırmak için nazlanır, onları kendisine yalvartırdı.

Sırtını dayayıp sigarasını yakınca neler anlatırdı neler. Masal uydurmada üstüne yoktu. Çevrede, tekin olmayan yerleri, kötü ruhların dolaştığı bölgeleri ondan iyi bilen yoktu.

"Çevredeki falan yerler tekin değildir" derdi. "Eski Romalıların mezarlarının bulunduğu kayalıklardan gece saat 11.00 sıralarında garip bir yaratık çıkıyormuş! Bir saat kadar dolaştıktan sonra tekrar kayboluyormuş bu garip yaratık."

"Bana anneannem anlatmıştı. Tarlada büyük bir taşın sağ tarafında bir hazine varmış. Bir defasında köylüler definenin bulunduğu yeri kazmışlar. Kazdıkları çukurda altınları bile görmüşler. Fakat tam ellerini dokunduracakları zaman altınların kaybolduğunu farketmişler."

"Dağın üstündeki eski saray kalıntısında perilerin büyülediği yaşlı bir kadın varmış. Her sene bu kadın kertenkele şekline giriyormuş. Birisiyle konuşmak istediğinde bunun için yapılması gereken büyüyü de hemen yapıyormuş bu cadaloz!.."

Celal Usta'yı dinleyen çocuklar, geceleri öylesine korkuyorlardı ki, dışarıya bir adım bile atamazlar, tuvalete de ürpererek girerlerdi. Anneleri, çocukları uyuyuncaya kadar başlarında beklemek zorunda kalırlardı.

Büyüdüklerinde bile çocukluklarında dinledikleri cin-peri masallarının korkusunu kalplerinden atamamışlardı. Geceleri bir yere gittiklerinde, ağaçları adam şeklinde görüyorlar, yıldızları uçan ejderhalar, fareleri kendilerine kötülük yapmak isteyenlerin büyüleri zannnediyorlardı.

Celal Usta'nın çocuklarının en büyüğü olan Süleyman, cin ve peri çağırma yollarını bildiğini söylediği halde, babası ona ses çıkarmıyordu.

Süleyman'ın başına gelenleri duysanız siz de şaşarsınız.

Çocuk, devamlı olarak arkadaşlarının insafsız şakalarına uğruyordu. Bir gece arkadaşlarıyla sohbetten dönerken yolda ağzına kadar odunla dolu yanan bir mangal görmüştü. Mangalın içinden bir ses işitiyordu. "İmdat!... Süleyman! Ne olur yetiş, kötü ruhlar beni yakıyor!..." Zavallı Süleyman, babasının söylediklerine öylesine inanmıştı ki mangalın yakınından gelen arkadaşının sesini bile tanımayarak, birinin cinler tarafından ateşe atıldığını sandı. Onu kurtarmak için yeni alınmış paltosunu mangaldaki ateşe atıvermişti.

Süleyman, ayrıca kasabaya giden yolun kavşağında sihirli bir define bulunduğuna inanıyor, eğer mayıs ayının bir gecesinde çalınmış, siyah bir tavşan yavrusunu üç köşeli bir bıçakla keserse, defineyi ele geçireceğini zannediyordu. İnandıklarını gerçekleştirmeye çalıştığında, Süleyman'ın hırsızlık suçundan hapishaneyi boyladığını sanırım anlamışsınızdır.

Celal Usta hâlâ cin-peri masalları anlatır mı bilmem?

> Çocukları ölümden korkutmak için, onun çok korkunç bir şey olduğunu sık sık anlatmalısınız.

ÖLÜM KORKUSU

Fahri Usta, iyi bir insan olmasına rağmen çok evhamlı ve vesveseli bir adamdı. Özellikle ölümden korkuyor, ne zaman bundan bahsedilse tüyleri diken diken oluyordu. Camiye gidip de vaazları dinleyince, ölümün öyle çekinilecek bir şey olmadığını, her canlının bu hayatı terkedip ahirete göçeceğini, bunun kaçınılmaz bir gerçek olduğunu kabul ediyor, ne var ki günlük işlerine daldığında ölüm korkusuyla yaşamayı sürdürüyordu.

Tanıdıklarından birisinin ölümünü duyduğunda: "Allah'ım! Ona merhamet et. Günahlarını bağışla. O, yaşarken iyi bir insandı. Şimdiyse öldü..." diyordu.

Dualarında, Allah'tan ölümünü geciktirmesini dilerdi. "Böylece dünya ve ahiret hayatı için daha çok şeyler yapabilirim" diyordu.

Bir süre sonra hanımı öldü. Fahri Usta, en yakınında cereyan eden bu korkunç (!) olay sebebiyle şok geçirdi. Bir türlü kendini toparlayamadı. Artık üstüne başına bakmıyor, pejmurde kıyafetiyle gezip ağlıyordu. Oğlu Fehmi, babasının bu halini gördükçe daha çok üzülüyordu.

Adam, sık sık oğlunu karşısına alıp annesinin ve diğer ölmüş yakınlarının acılı ölümlerinden bahsediyordu. Bu sözler Fehmi'nin tüylerini diken diken ediyor, ölüm korkusu sebebiyle geceleri doğru dürüst uyuyamıyordu.

Sonra aslında atlatılabilecek bir hastalık olan kızamığa yakalandı. Babası başucundan ayrılmadan, odanın içinde dolaşıp durarak: "Allah'ım, bize acı... Yoksa oğlum da mı ölecek?" demeye başladı. Fehmi, daha fazla dayanamadı, bu acılı sözlerle ürpertiler geçirerek küçücük yaşında ölüp gitti.

> Çocuklarınıza Allah'ın hep ceza
> verip azap ettiğini anlatın. Böy-
> lece onların Allah'tan ve dinden
> uzaklaştıklarını göreceksiniz.

ALLAH, HEP AZAP MI EDER?

Cahil ve garip huylarla dolu bir kadın vardı. Çocuklarına:

"Bakın gök gürlüyor. Eğer yaramazlık yaparsanız Allah sizi gazabına uğratır. Dikkat edin Allah, yaramazlık edenleri hiç affetmez. Eğer uslu durmazsanız, sizi cehennemde yakar. Cehennemin ne kadar sıcak ve korkunç olduğunu biliyor musunuz? Allah, orada, şeytanın gözü önünde yaramazlık eden çocukları kebap gibi pişirir."

Küçük Fadime, bu sözleri duya duya, Allah'ı hep azap eden bir varlık olarak düşünmeye başlamıştı. Kendisine anlatılmadığı için bilmiyordu ki; onun kullarına olan merhameti bütün annelerin şefkatinden daha fazladır.

Fadime, şimşek çaktığında pencereden dışarı bakamaz, korkudan bir köşeye büzülürdü. Gök gürlemelerini duyduğunda Allah'ın kendisine azap edeceğini sanırdı.

Biraz büyüdüğünde namaz kılmaya, oruç tutmaya başladı, ama bunları severek ve içinden ge-

lerek yapamadı. Şöyle düşünüyordu: "Devamlı olarak insanları cezalandıran ve onları cehennemde yakan Allah'a niçin ibadet etmeli? Bu emirler bile birer ceza..."

Dinlediği güzel sözler, doğru bilgiler ve hocaların anlattığı cennet nimetleri ona çok yabancı geliyordu artık. Zira küçüklüğünde zihnine yerleşen "Azab eden Allah" imajını kazıyamıyordu.

> Çocuklarınızı dinden soğutmak istiyorsanız dinî bilgileri öğrenmek için baskı yapmalı, hatta bu sebeple onları dövmelisiniz.

DAYAK YEMEK İÇİN

Salih'in babası, her gün Kur'ân'ın bir sayfasını ezberlemesi için onu sıkıştırıyordu. Ezberleyemediği yahut kekelemeye başladığı zamanlar alabildiğine dayak yiyordu. Babası onu saçlarından tutup ayağa kaldırdığında çocuk "Bu kitap yüzünden başım dertte" diye düşünüyordu.

Aslında çalışıp ezberlemek istiyor, fakat bunu dayak yememek için yaptığından, hiç bir zevk almıyordu.

Salih'in babası, Kur'ân'a hizmet için oğlunu döverken, onu dinden uzaklaştırdığının farkında bile değildi.

"BIKTIM ŞU TOPLANTILARDAN!"

Babanın biri dinî eğitimin çok önemli olduğuna inanır, çocuklarını bile sıkı bir dinî eğitime tabî tutmak isterdi. Bunu, onların yeteneklerini göz önüne almadan şuursuz bir şekilde yapıyordu.

Çocuklar beş yaşına geldiğinde dinî toplantılara katılmak ve takip etmek mecburiyeti ile karşılaştılar. Babaları, onların buna tahammül edip edemeyeceklerini hiç düşünmüyor, bunun yanısıra kocaman kitaplarını da taşıttırıyordu.

Çocuklar, hiç oyun oynamadan, saatlerce bir toplantıda oturmaktan sıkılıyorlardı.

Anne ve babaları bir dinî toplantıdan bahsedecek olsalar: "Aman Allah'ım! Yine mi bir yerde saatlerce hapis kalacağız?" diyorlardı.

Nihayet yıllar geçti ve çocuklar büyüdüler. İçlerinde dine karşı bir soğukluk kalmıştı. Camiden, cemaatten, dinî toplantılar ve ilim meclislerinden ellerinden geldiği kadar uzak durmaya çalıştılar. Gitseler bile isteksiz davranıyorlar, duyduklarının onlar üzerinde hiç bir etkisi olmuyordu.

Dindar insanları kötüleyip, arkalarından konuşarak çocuklarınızı dinden uzaklaştırabilirsiniz.

AH BU HOCALAR

Tahsin adında bir adam vardı. Bu zavallı adam inançlarındaki belirsizlikten doğan vicdan azabını bastırmak için, başka insanlar hakkında ileri geri konuşur, dindar insanların dedikodusunu yapmaktan zevk alırdı. Her defasında dindar komşularının kötülüklerinden bahseder, yakıştırmadık kötü söz bırakmazdı.

Bir hoca, ilçenin camisinde vaaz etse ve halk bunu beğense, Tahsin Efendi hemen:

"Ben de onun kadar okusaydım, hiç hazırlık yapmadan kürsüye çıkar daha iyi konuşurdum" derdi.

İmamın bir arkadaşını ziyarete gittiğini görse:

"Yine çene çalmaya gidiyor. Mutlaka ikindi namazına gelmeyecek. Zaten hangi vakte doğru dürüst geliyor ki... İşi gücü tembellik. Hep başkalarının sırtından geçinir, elleri zaten cemaatin cebinde. Her vaazın sonunda onları yardım etmeye çağırır. Oh ne âlâ, ekmek elden su gölden. Biz en ağır işlerde çalışır, kazancımızı hakederiz ama bu hocaların çoğu havadan geçinir..." derdi.

Bazen de şunları söylediği duyulurdu:

"İmamın hiçbir şey bildiği yok. Devamlı kendini gülünç duruma düşürüyor. Galiba bana da bir garazı var ki sık sık günahlarımı hatırlatıyor. Sanki benim yerime kendisi yanacak."

Bir defasında namaz sûrelerini öğrenmek için camiye giden oğluna:

"Oğlum, imamı bu akşam yemeğe davet ettiğimi ona söyle. Tavuk kestiğimi de... Gelsin de karnını tıka basa doyursun. Zaten bu hocalar ancak yemesini bilirler. Enselerini görmüyor musun?" dedi.

Tahsin Efendi, yemeğe davet ettiği bir insan hakkında bu tür sözler sarfettiği, her fırsatta hocaları kötülediği için, oğlu kısa bir süre sonra camiye gitmekten vazgeçti. "Babamın aşağıladığı bu adamlardan ne öğrenebilirim ki. Zaten hiçbir şey bilmedikleri ortada" diyordu.

> İstedikleri her şeyi hemen yerine getiriniz ki, çocuğunuz inatçı biri olsun.

İNATÇI RECEP

Evliliklerinden on yıl sonra bir erkek çocukları doğan Fikret Bey ve hanımı, öylesine sevinmiş ve mutlu olmuşlardı ki sormayın. Yavrularını çok seviyor ve bütün servetlerini onun için harcamayı düşünüyorlardı. Ona hem iyi bir gelecek hazırlamak için ellerinden geleni yapacak, hem de onu hiç üzmeden büyüteceklerdi.

Çocuk bir şey istese, hemen yerine getiriyorlardı. Sofraya konulan pilici parçalaması ve istediği gibi yemesi için ona izin veriliyor, bunu beceremezse önünden kaldırılıyordu.

Küçük Recep'in iyi bakılarak yetişmesini istediklerinden, çocuk yürümeye başlayıncaya kadar üç hizmetçi değiştirdiler.

Recep, yürümeye başladığında, kafasına göre gezmek istediğini söylemeye, biraz zora geldiğinde bağırıp çağırmaya, hatta kendini yerlere atmaya başladı. Onun bakımını üstlenen hizmetçi, bir odadan diğerine, ön avludan arka bahçeye, en alt merdivenden en üst merdivene kadar arkasından koşturup dururdu...

Bir gün bodrum kapısı açık kalmıştı. Recep, içeri dalmak isteyince hizmetçi kız onu engelledi. "Bodrum çok karanlıktır, gel ben sana tavukları ve civcivleri göstereyim" dedi. Fakat nafile... Mutlaka içeri girmek isteyen Recep avazı çıktığı kadar bağırmaya başladı. Annesi telaşla aşağı indi ve hemen hizmetçiye Receb'i niçin ağlattığını sordu. Oğluna da: "Bu aptal kız sana ne yaptı yavrucuğum?" dedi.

Meseleyi öğrenince, hizmetçiden mum getirmesini istedi. "Sus benim biricik yavrum, şimdi istediğini yerine getireceğim" diyerek onu yatıştırmaya çalıştı.

Hizmetçi kız, elinde mumla önden yürüyor, annesi de Receb'i kucağına almış aşağı indiriyordu. Yarı yola kadar zorlukla indiklerinde, çocuk hemen yukarı çıkmak istediğini söyledi. İndikleri merdiveni, yine binbir güçlükle geri çıktılar.

Recep konuşmaya başlayınca ağzından çıkan her kelime emir olarak kabul edilirdi. Mesela önüne konulan bir yemeği istemezse, annesi:

– Ne istiyorsun biricik yavrucuğum?

– Ben oradaki parçadan yemek istiyorum.

– Al evladım, sen oradan ye.

– Bunun da tadı iyi değilmiş. Yine iştahım kaçtı.

– Peki oğlum, canının istediğini söyle de onu getireyim sana.

– Ben börek istiyorum!

– Fakat şu anda böreğimiz yok ki.

Bunu duyan Recep, hemen ağlamaya başlıyor, "ille de börek isterim" diye tutturuyordu. Annesi ne söylerse söylesin umurunda değildi. "Ben sana yarın bir tepsi dolusu börek yaparım" dediği halde "Ben şimdi istiyorum!" diye sızlanıyordu.

Kadın, hemen hizmetçiyi çağırıyor, onu pastaneye gönderip Recep'in istediği böreği aldırıyordu. Çocuk gelen böreğe şöyle bir baktıktan sonra bir veya iki lokma alıp hemen su istiyordu. Henüz su gelmeden kahve istiyor, biraz gecikince "Daha pişmedi mi?" diye sızlanıyordu. Annesi, "Az sonra hazır olur yavrucuğum!" diyordu ama nafile... Recep, "Bu fincan bana ait değil" deyince anne hizmetçiye çıkışıp: "Aptal kız" diye bağırıyordu: "Küçücük çocuk bile fincanın kendisine ait olmadığını bildiği halde, senin hiçbir şeye dikkat ettiğin yok."

Yemekte olanların benzerleri, elbise giyerken, yatağa yatarken de aynen görülmekteydi.

Sonunda çocuk büyüdü ve bu huyundan dolayı "İnatçı Recep" olarak ün kazandı.

Evini kısa sürede üç kere değiştirdi. Her sene duvar kağıtlarını ve mobilyalarını yeniliyordu. Birinci karısını inatçılığı yüzünden öldürdü. İkincisinin de fazla yaşayamayacağı tahmin ediliyordu. Yılda dört beş hizmetçi deniyor, bütün dünyadan nefret ederek ömrünü sürdürüyordu...

Recep, ne diye "İnatçı Recep" oldu dersiniz?

Çocuklarınızın yalan söylemesini istiyorsanız onları küçük yaşta buna alıştırmalısınız.

"SAKIN ANNENE SÖYLEME"

Ah şu Sadık Bey!... İsmine hiç uymayan yalancı Sadık Bey... O'nun ve oğlunun hikâyesini öğrenmek ister misiniz?

Sadık Bey, sürekli yalan söyler, oğluna da bu yalanları ballandıra ballandıra anlatırdı. O'nun bir gün bile yalan söylemediği duyulmamıştı. Hoşlanmadığı kimseleri atölyesine gelirken görünce hemen oğlunu kapı önüne çıkartır "Babam atölyede yok" dedirtirdi. Evde arandığında da "Babam atölyeye gitti" demesini tenbih ederdi. Kapılarına fakirler, dilenciler gelse, hemen çocuğu gönderip, "Biz de fakiriz, akşama yiyecek ekmeğimiz yok!" dedirtirdi.

Küçük Semih, okula gitmeyi sevmiyor, bu yüzden de derslerin çoğundan kaçıyordu. Bahanesi çoktu: "Bugün okula gitmek istemiyorum, çünkü dün de okula gitmemiştim. Öğretmen beni döver."

Sadık Bey, artık açıktan açığa "Okula gitmeyeceğim!" diyen oğluna şu öğütleri (!) verdi:

– Biraz kafanı çalıştır. Öğretmenine, "Babam beni alacak tahsili için bazı müşterilere göndermişti, onun için gelemedim" de.

Sadık Bey'in karısı Firdevs Hanım da elinin sıkılığıyla tanınmaktaydı. Bir kuruşunu bir yere harcamadan, uzun uzun düşünür, sonra karar verirdi. Oğlu, normal mevsimlerin dışında çilek, kiraz gibi meyveler istese, annesinden fazla yüz bulamaz, fakat Sadık Bey oğlunun her istediğini alması için ona gizlice para verirdi. Arkasından da: "Al bunları, canının istediğinden alıp ye. Fakat sakın annene gösterme" diye tenbih ederdi.

Küçük Semih, yalan söyleme hususunda kısa zamanda ustalaşmıştı. O, şimdi, anlattıklarının bir noktası bile doğru olmayan pek çok şeyi yüzü kızarmadan söyleyebiliyordu. Biraz büyüdüğünde babasının bile hoşuna gitmeyen yalanlar uydurmaya başladı.

Cuma günleri, "Camiye gidiyorum" diye evden çıkıyor, kötü yerlerde vakit geçiriyordu. Babası, vaazda neler dinlediğini sorsa, ona bir çok şey anlatmak ve zavallı adamı kandırmak hiç de zor olmuyordu Semih için.

Diğer günlerde de yarı gününü iş yapıyormuş gibi oyalanarak geçirmekte, kalan günü ise akrabalarına giderek, müzikli eğlencelere katılarak geçirmekteydi. Gittiği yerlerde bol bol para harcıyordu.

Sadık Bey, paralarının, elbiselerinin ve atölyedeki el aletlerinin birer birer kaybolmaya başladığını görünce şüpheye düştü. "Bana kalırsa bizim evde bir hırsız var!" diyordu. Bir gün olanları Semih'e anlattı. "O hırsızı mutlaka yakalamalıyız" dedi. Semih, suçun tamamen kendisine ait olmasına rağmen, hiç utanıp sıkılmadan babasının kulağına eğilip: "Hırsızın kim olduğunu sana söyleyeyim mi?" dedi. "O, senin çırağın... Her akşam eğlence yerlerinde o kadar para harcıyor ki şaşırırsın. Geçen gün değerli bir heykelciğin kaybolduğunu farkettiniz değil mi? İşte onu da çırak aşırdı ve eminim pazar günü kumarda kaybetti."

Sadık Bey, bunları duyunca çok sinirlendi. Hemen çırağı yanına çağırıp, tüm söylenenlerin gerçek olup olmadığını sordu. Çırak, hırsızın Semih olduğunu söylediği halde, işten atıldı.

Semih, yalanlarına devam ediyor, bu sebeple babasıyla sürekli kavga ediyordu. Sadık Bey, onu tekme tokat dövdüğü, hatta tımarhaneye yatırmakla tehdit ettiği halde çocuk, yalanlarından vazgeçmiyordu. Öyle bir zaman geldi ki Sadık Bey iflas etti. Yanında çalışan pek çok adam başka işler bulup ayrıldılar. Zavallı adam mırıldanıp duruyordu artık: "Beni bu hallere oğlum düşürdü. Ağzından yalansız bir söz çıkmıyor. Hayret ediyorum, kuşların havada uçması gibi rahat yalan söyleyebiliyor. Bütün bunları nereden öğrendiğini bir bilebilsem... Allah bana niçin böyle hayırsız bir evlat verdi bilmiyorum. Yapmadığı hırsızlık, uğursuzluk yok! Varımı yoğumu talan etti."

Bütün bu şikâyetlerini dostlarına anlatıyordu.

Dostları adamın bu haline acıyor, serseri oğluna lanetler yağdırıyorlardı. Ama kimse bilmiyordu ki; onu annesi ile babası, el birliği ile bu hale getirmişlerdi...

> Çocuklarınızın size her anlattığına hiç bir araştırma yapmadan inanırsanız onları yalancı yapabilirsiniz.

YALANLAR

Selma Hanım, çocuklarının her söylediğine inanan bir kadındı. Kızlarının ve oğullarının kendini memnun etmek için söyledikleri yalanlara öylesine inanıyordu ki çocukların yalan söyleme hususundaki cesaretleri her geçen gün biraz daha artmaktaydı. Kadıncağız, yavrularından ne bir açıklama istiyor, ne de söylediklerinin doğruluğunu araştırıyordu.

Bir misafirliğe gidip de geri döndüğünde onlara sorardı:

– Eee çocuklar, ben yokken uslu durdunuz değil mi?

– Uslu durduk, hiç yaramazlık yapmadık anneciğim, diye cevap verdi çocuklar.

– Gürültü yapmadınız mı?

– Hayır, asla.

– Peki, sokağa çıkıp oynadınız mı?

– Odadan dışarı bile çıkmadık. Ben o... Kardeşlerim de resimli kitapları karıştırdılar.

– Aferin benim çocuklarıma. Yaramazlık yapmadığınız için ben de sizlere kek getirdim.

Bu konuşmalar sürüp giderdi böyle. Çocuklar, ilk zamanlar doğru konuşuyorlardı ama, zamanla yalan söyleseler bile annelerinin inanacağını hissettiler.

Bir gün Selma Hanım evde yokken çocuklar dışarı çıkıp mahallenin azgın ve şımarık çocuklarıyla oynamaya başladılar. Elbiseleri kir pas içinde kalınca, bunu annelerine nasıl izah edeceklerini düşündüler. Sonunda büyük kız şöyle dedi:

— Kardeşlerim! Eğer annemize dışarı çıkıp oynadığımızı söylersek bize kek vermez. Birlikte hareket etmeliyiz. Annemiz "evde mi oturdunuz?" derse "evet" diyelim.

Kararlaştırdıkları gibi yaptılar. Küçük kardeşlerden biri içinden: "Annemiz bize her zaman inandığına göre, ufak tefek yalanlar uydurmakta hiç bir sakınca olmasa gerekir" diye düşündü.

Selma Hanım evde yokken bütün çocuklar olabildikleri kadar yaramaz oluyor, onun eve dönme saati yaklaşınca da uslu uslu oturuyorlardı. Gezintiye çıktıklarında, arsız çocukların oynadığı yerlere gidiyor, anneleri sorunca da, mutlaka onu memnun edecek yalanlar buluyorlardı.

Yıllar geçtikçe, çocuklar yalanda ustalaşmış, Selma Hanım da onların maskarası haline gelmişti.

Çocuklarınız yaptıkları hataları size bildirip doğru söyledikleri zaman onları cezalandırın. Böylece, yalan söyleme ihtiyacı duysunlar.

SÜRAHİ KIRILINCA

Faruk, bir sinek yakalamak için elini uzatınca, masadaki değerli sürahiyi yere düşürdü. Sürahi kırıldığı için ne yapacağını şaşırdı. En iyisi, hemen babasını bulup, sürahinin kırıldığını haber vermekti. Bahçeye çıktı. Bir hayli aradıktan sonra onu buldu.

— Ah babacığım, diye söze başladı. Canım babacığım. Ne olur bana kızma. Sinek yakalamaya çalışırken, kolum yanlışlıkla sürahiye çarptı ve...

Babası, sözünü tamamlamasına fırsat vermeden sordu:

— Yoksa onu kırdın mı?

— Evet, dedi Faruk. Ne yazık ki kırıldı. İnanın isteyerek yapmadım.

Babasının gözleri kızgınlıktan büyümüştü.

— Şimdi sana sürahi kırmanın ne demek olduğunu göstereceğim! Aldığın ders hiç aklından çıkmayacak!... diye haykırdı.

Faruk, korkuyla titremeye başlamıştı. Babası ağaçtan bir dal koparıp oğlunun üzerine yürüdü.

Öyle hızlı vuruyordu ki zavallı çocuk:

– Dur baba... Vurma, vurma! Çok acıyor, beni öldüreceksin, diye inlemeye, yalvarmaya başladı.

– Bir daha kıracak mısın? diye bağırıyordu adam.

– Söz baba, vallahi söz. Bir daha asla yapmam, diye yalvarmasını sürdürdü Faruk.

Olayın üzerinden pek fazla zaman geçmemişti ki, Faruk resimli bir kitaba bakarken, yine kazara onun bir yaprağının yırtılmasına sebep oldu. Büyük bir telaşa kapılarak, kitabı rafa yerleştirdi:

Düşünmeye başladı.

Babası kitabı görür de kimin yırttığını sorarsa "Ben yırtmadım" diyecekti. Çünkü yeniden dayak yemek istemiyordu. Gerçekten, ertesi gün babası yırtık sayfayı görmüş ve Faruk, "Onu kesinlikle ben yırtmadım" diyerek dayaktan kurtulmuştu.

Artık, suç işlediğinde yalana sarılmaktan başka bir çare bulamıyordu.

Biraz dikkatsiz bir çocuk olduğundan, bazen bardakları, tabakları kırdığı oluyor, fakat her seferinde anne ve babasına yalan söyleyerek dayak ve hakaretten kurtuluyordu.

Rüzgarın camı açıp bardağı devirdiğini, masanın sallanarak tabakların kırıldığını anlatıyordu.

Kızartmanın sosu elbisesini berbat ettiğinde de onu kimseye göstermedi. Başka bir elbise giydi. İki üç gün sonra kirlenmiş elbiseyi giymek zorunda kalınca, bütün gücüyle bağırmaya, "Benim elbiseme kim sos dökmüş" diye suçlu arayıp suçunu bastırmaya çalıştı. "Sakın sen yapmış olmayasın?" diye soran babasına: "Kim kendi elbisesini kirletebilir. İnan ki babacığım ben yapmadım" dedi.

Faruk, yalan söylediği zaman ceza almaktan kurtulduğunu gördükçe, doğru söylemez bir hale geldi. "Neden doğru söyleyecekmişim? Yalanla hem dayaktan kurtuluyor, hem de bal gibi yürütüyorum işimi" diyordu.

> Konuşmalarınızla, çocuklarınızın yalan söylemelerini kolaylaştırabilirsiniz.

HASTALIK HASTASI

Tarık, rahat bir gece geçirdiği ve huzur içinde uyuduğu halde, tembelliğinden yataktan kalkmıyordu. Yorganı başına çekmiş, evin sıcağından iyice terlemişti. Annesi onu uyandırmak için yorganı başından çektiği zaman terden sırılsıklam olduğunu gördü. Heyecanla:

– Aman, bu çocuğa ne olmuş böyle. Canımın içi neyin var? Yüzün sapsarı, diye mırıldandı.

Tarık nazlanarak:

– Bir şeyim yok, dedi.

Annesi inanmadı.

– Ver bakalım kolunu. Aman alnın ateş içinde. Yoksa sen hasta mısın?

Bu ilgi, Tarık'ın hoşuna gitmişti.

– Birazcık başım ağrıyor.

– Başka neren ağrıyor peki?

– Bilmiyorum anneciğim.

– Karnın da ağrıyor mu?

Tarık, "evet" mânâsında başını sallayınca, annesi feryadı bastı.

– Aman Allah'ım! İnsanın çocukları varken rahat yaşaması ne mümkün? Bey, Bey! Felaket. Yavrumuz çok hasta. Başının ve karnının ağrısından duramadığını söylüyor. Onu bu halde okula gönderemeyiz, dedi.

Tarık'ın sevincine diyecek yoktu. Bu yolla annesini bir çok defa daha aldatmış ve okula gitmemişti. Kadıncağız ikide bir yanına gelip ateşi olup olmadığını, üşüyüp üşümediğini, karnının ağrıyıp ağrımadığını sorardı. O da biraz kıvranır, hastaymış gibi davranırdı. Bu durum karşısında annesi, çocuğunu hastalığından dolayı okula göndermez ve onun sevdiği yemekleri yapardı.

Bu hastalık işi Tarık'ın çok hoşuna gidiyordu. Ne iyiydi. Okula gitmek yok, ders yoktu. Kimse ona, "dersine çalıştın mı?" demiyordu.

Tarık'ı tembelliğe ve yalana teşvik eden annesiydi. Canı okula gitmek istemeyince hastalık numarası her zaman işe yarıyordu. Karnelerin dağılacağı son gün Tarık yine hastaydı.

Karneyi annesi almaya gitti. Öğretmeni, onun okula gelmediği için devamsızlıktan sınıfta kaldığını söyleyince annesi çok üzüldü. Ama, hâlâ hatasının farkında değildi.

YALANLA MUTLU OLAN ANNE

Semra'nın annesi, o kadar meraklı bir kadındı ki küçük kızı arkadaşının evine oyun oynamağa gidip dönse, hemen onu karşısına alır, akla hayale gelmedik lüzumsuz sorularla çocuğu bunaltırdı. Semra, bazı sorulara doğru cevap verirken, bir çoğunu da annesini memnun etmek için uydururdu.

Nurcan'lara gidip döndüğünde de aynı şeyler oldu. Meraklı annenin soru yağmuru başlamıştı:

— Yukarı tarafta mı oynadınız, aşağı tarafta mı?

— Aşağı tarafta.

— Nurcan'ın annesini gördün mü?

— Evet ordaydı.

— Nasıl giyinmişti?

— Nasıl giyindiğine dikkat etmedim.

— Üzerinde nasıl bir elbise olduğunu bilmen gerekir. İpek mi giyinmişti, yün mü?

— Galiba yün elbiseydi.

— Sen ne biçim kızsın? Ne demek "Galiba yün elbiseydi?" Bunları ayırdedemiyor musun?

— Evet şimdi hatırladım. Yün elbise giyinmişti.

— Koyu renkli miydi?

— Evet...

— Desenleri büyük çicekli miydi, yoksa çıtır çıtır küçük çiçekli mi?

— Küçük çiçekli.

— Mutfaklarında ne piştiğini anlayabildin mi?

— Evet. Tavuk kızartması kokuyordu. Galiba akşama misafirleri gelecek.

— Kim gelecekmiş, Nurcan bir şey anlattı mı?

— Hayır, ben de sormadım.

— Ne kadar aptal çocuksun! Hiç insan mutfaktaki kokuyu alır da kimlerin geleceğini merak etmez mi?

Böyle lüzumsuz sorular çocuğu zorunlu olarak yalan söylemeye teşvik ediyordu.

Küçük Semra, zamanla usta bir yalancı, maharetli bir iftiracı oldu. Komşular ondan yaka silkmeye başladılar. Kimse onu evine almadığı gibi, çocuklarının da onunla oynamasını yasakladılar. Uydurduğu yalanlardan ve ettiği iftiralardan dolayı komşularından hakaret gördüğü halde, bu huyundan vazgeçmiyor, yeni yeni yalanlar uyduruyordu.

Gittiği evlerdeki karı koca kavgalarından tutun da, koridorda veya mutfakta olup bitenlere kadar her şeyden bahsediyordu. Anlattıklarının bir kelimesi bile doğru değildi ama, annesi mutlu oluyordu ya...

Çocuklarınıza her şeyin kötü tarafını gösterebilirseniz, onları somurtkan, kendilerinden şikâyet eden ve hayatta karamsar insanlar yapabilirsiniz.

DAİMÎ ŞİKAYETLER

Saime Hanım'ı yemek yerken görmelisiniz. Yüzü öyle asık, öylesine somurtkandır ki yemekte çok fazla baharat var sanırsınız. Fakat, onun âdeti böyle. En iyi yemeğe bile binbir çeşit bahane bulmakta çok ustadır. "Ah eski dana etleri şimdi nerde? Sebzeler bütün tadlarını kaybettiler. Rahmetli annemin zamanında bir fasulye pişirirdik, tadına doyulmazdı. Eskiden yediğimiz şeyler ağzımızda erirdi. Şimdi ne tad kaldı, ne koku. Balıklar bile değişti. Ben bunları yesem ne olacak, yemesem ne olacak..." derdi.

Çatal ve kaşığı isteksizce masaya bırakır ve sofradan kalkıp, pencereye doğru yürürdü.

Misafirliğe gidecek olsa, giydiği yeni elbiselerini bile beğenmez, her birinde çeşitli kusurlar bulurdu. Şu ipek elbisede, şu gümüşlü kemerde tek kuruşluk zevk yoktu. Bu elbiseler onu bir köylü kadından daha çirkin gösteriyor, adeta aptal görünümüne sokuyordu.

Bulunduğu toplumdan ve hayat şartlarından bıkmıştı. O veya bu şahıslarla bir daha karşılaşmamak için sürekli olarak Allah'a dua ederdi. Her seferinde "Bugüne kadar hiç bir şey beni mutlu etmedi" diye sızlanırdı. Birkaç gün peşpeşe yağmur yağsa "Aman Allah'ım! Bu ne çekilmez hava. İnsanı üzüntüye boğuyor" derdi. Hava güzel ve sıcak olduğunda da; "İnsan ter içinde kalıyor, sıcağı da hiç sevmem" diye üzülürdü. Kış geldiğinde ise, "Ah şu bahar çabuk gelse de biraz canlansak..." derdi.

Saime Hanım, bu şikayetleri çocuklarının yanında tekrarlayıp durduğu için, onlar da annelerine benzemişlerdi. Sabah kalktıklarında hep birden ağlayıp zırlıyor, ortalığı gürültüye boğuyorlardı. Birisi çorabının ayağına olmadığından, diğeri pantolunun paçasının uzun olduğundan, bir başkası da banyo suyunun çok soğuk olduğundan yakınıyordu. Bu yüzden hepsi ağlıyor, sokaktan geçenler "Bu evde cenaze mi var?" diye endişeye kapılıyorlardı.

Sıra kahvaltıya geldiğinde ağlama töreni yeniden başlamaktaydı. Biri çayının şekerinin azlığından, diğeri bardağın elini yaktığından, bir başkası kendisine az kek verildiğinden şikâyet ederdi. Bütün bu çckişmeler ve feryatlar çocuklar akşam yatağa yatıncaya kadar devam etmekteydi.

Saime Hanım, çoğu zaman bu gürültülere dayanamaz bağırıp dururdu:

— Allah hepinizin belasını versin. Ne zaman bırakacaksınız bu ağlamayı, zırlamayı. Sıcak yatağınız, sıcak yemeğiniz, yeni yeni elbiseleriniz var. Daha ne istiyorsunuz? Neyiniz eksik? Yoksul çocuklar sizin imkanlarınıza sahip olsalar oturup Allah'a şükrederler. Şaban susuyor musun yoksa sopayla geleyim mi?..

Annelerinin bu tehditleri nedense hiç bir fayda sağlamıyor, Saime Hanım "Bıktım bu hayattan" diyerek günlerini işkence içinde geçiriyordu. Çocuklar büyüdükçe işi daha da zorlaşıyordu. Ne yapsa onları memnun edemiyordu.

Çocukları, başkaları aleyhinde konuşmaya teşvik ederseniz iftira atmaya da alıştırmış olursunuz.

CAN ÇIKAR HUY ÇIKMAZ

Dedikoduyu hep kadınlar yapmaz ya... Erkekler de yapar.

Yaşar Bey, oğlu Mahir'i çok önemli bir işle görevlendirmişti (!) Çocuk, komşu evlerde neler olup bittiğini güzelce öğrenecek, onlar hakkında bilgi toplayıp araştırmasının sonuçlarını babasına nakledecekti.

Komşu evin reisi seyahate mi çıktı? Evdekiler ne yapıyorlar? Hanımefendi kiminle görüşüyor? Büyük kız niçin bir aşağı bir yukarı dolaşıyor odada? Lambalar niçin yanıp sönüyor? Perdelerin erken çekilmesinin sebebi nedir? Yüksek sesle konuştuklarına göre mutlaka önemli şeyler dönüyordur o evde.

Gündüz vakitlerinde Mahir'i yanına çağıran Yaşar Bey, oğlunun bilgi toplamasını kolaylaştırmak için, o eve gidip bir şeyleri ödünç almasını tenbih ederdi. "Sizde varsa babam şunu veya bunu istiyor" gibi bahaneler uydurmasını söylerdi. Eğer vakit geceyse onları öğrenmek daha da kolaylaşıyordu. Mahir, bilgi edinilecek evin penceresine koşar, oradan her şeyi dinlerdi. Perdeler çekili değilse veya aralıksa, içeriyi bile gözlerdi.

Önceleri duyduklarını ve gördüklerini doğru anlatan çocuk, zamanla babasının merakını anlayıp ona yalan yanlış hikayeler uydurmaya başladı. Kocası evde olmayan bir kadının yabancı bir adamla görüşüp konuştuğunu anlatmaya başlayınca Yaşar Bey, hiç bir ayrıntıyı kaçırmadan heyecan içinde dinlerdi. En çok karı koca kavgalarını ve ailelerdeki düzensizlikleri merak eder, bunları duyunca da garip bir hoşnutluk duyardı.

Mahir de, diğer çocuklar gibi başkalarına hizmet etmek ve onları sevindirmek isteğiyle dolu olduğundan, sürekli olarak babasını sevindirmek istiyor, duyduğu veya gördüğü şeyleri anlatıp duruyordu. Bu, onun, yalan söyleme, iftira etme kabiliyetini kısa zamanda iyice geliştirdi.

Artık hiç kimse hakkında iyi konuşmuyor, insanların hep kötü taraflarını görüyordu.

Öyle bir zaman geldi ki, karıyı kocaya, arkadaşı arkadaşa, komşuyu komşuya düşürmeye başladı. Bütün işi çeşitli iftiralarla insanların arasını açmak oldu.

Tabiî olarak yaptıkları, onu, çok zor ve kötü durumlara düşürdü. Hapis yattı, dayak yedi. Arkadaşları tarafından dışlandı. Ne var ki "Can çıkar, huy çıkmaz" demişler. Mahir de iftira atmaktan bir türlü vazgeçmedi. On yaşında başladığı yalan ve iftaralara, yirmi yaşına geldiği halde devam ediyordu.

Babası hakkında attığı iftiralar ise, anlatılmayacak kadar çirkindi. Yaşar Bey, gece gündüz ağlıyor, ağız dolusu hakaretlerle oğluna lanet ediyordu:

"Bu mudur aldığım mükâfat" diyordu. "Hiç utanma, sıkılma yok onda. Onu bu yaşa getiren ve bütün eğitimini üstlenen ben değil miyim, böyle mi teşekkür edecekti..."

Bir yakınıyla konuşsa, hemen oğlunu şikâyet ediyor, onu beddualarla andıktan sonra: "İftiracılar, hırsızlar ve katillerden bile zararlı ve aşağılık biridir" diyordu.

> Sahip olamayacakları şeyleri güzel göstermek suretiyle çocuklarınızı somurtkan ve çekilmez hale getirebilirsiniz.

ONLARIN ARABASI VAR!

Mutlu bir aile gibi görünüyorlardı. Niyazi Usta, çalışkan bir adam olduğundan geçimleri iyiydi. Sofralarında her türlü yiyecek, içecek bulunurdu. Çocuklar sağlıklı, anneleri de düzenli ve temiz bir kadındı. Yavruları için çırpınıp durur, onların kimseye minnet etmemelerini isterdi. Allah'ın bütün bu nimetlerine rağmen Niyazi Usta, halinden pek memnun olmazdı. Çocuklarının ve kendisinin dünyanın en talihsiz insanları olduğunu bile düşünürdü.

Çoğu zaman, çocukların dikkatlerini sahip olmadıkları şeyler üzerine çekiyordu.

Sofrada, lezzetli bir sebze yemeği yerken şöyle derdi:

– Kimbilir başka evlerde bugün neler yeniyor? Belki et kızartması, belki de en leziz balıklarla doludur sofraları...

Çocuklar, babalarının ağzı sulanarak anlattığı şeyleri dinleyince sebze yemeğinden hiç bir tad alamazlardı.

İyi giyinmiş bir çocuk yanlarından geçerken Niyazi Usta:

– Görüyor musunuz, derdi. Üstü başı nasıl temiz. Tıpkı bir melek gibi... Ah benim zavallı çocuklarım! Allah bana çok para verirse siz o zaman görürsünüz. En güzel, en pahalı elbiseleri alacağım size.

Çocuklar bu sözler üzerine kendi kıyafetlerinden utanmaya başlıyorlardı.

Gezintiye çıktıklarında yanlarından arabayla birileri geçse Niyazi Usta.

– Bakın onlar arabayla geziyorlar. Bizim gibi fakirlerse yürümek zorunda, diyerek çocuklarının aşağılık duygusuna kapılmalarına sebep oluyordu. Bir eğlenceye gittiklerinde oradaki güzel yiyecekleri göstererek:

– Bizim de durumumuz iyi olsaydı, onlar gibi yiyip içebilirdik, diye dert yanıyordu.

Niyazi Usta bu türden konuşmaları sürdürdükçe, hiç de kötü bir hayatları olmayan çocuklar, yaşantılarından memnun olmamaya başladılar. Sahip oldukları güzel şeyler için Allah'a şükretmek akıllarına bile gelmiyordu. Sürekli olarak elde edemeyecekleri şeyleri düşünerek hayatlarını berbat ettiler.

İnatçı çocuk mu istiyorsunuz? Onun normal isteklerine aldırmayın, fakat zorla yaptırmak istediklerini hemen yerine getirin.

YAKUPÇUK NASIL YAKUP OLDU?

Feride Hanım'ın vaktini boşa harcadığını kimse söyleyemez. O, sabahın erken saatlerinden, akşamın geç saatlerine kadar bıkmadan, usanmadan çalışır. Evinin işlerini bitirir bitirmez alış-verişe çıkar. Sonra ailesine yardımcı olmak amacıyla çeşitli örgüler örer. İster ki, öldüğü zaman çocuklarına iyi bir miras bıraksın. Tabii bu kadar işin arasında bunaldığından, çocuklarıyla ilgilenmeye fazlaca zaman ayıramaz. İşe başlarken küçük Yakup'u yanına oturtur. Henüz mini mini bir bebek olan Yakup, bir süre sonra sıkılır ve meme emmek ister. Feride Hanım, çocuğun bağırmasına aldırış etmez. Yakupçuk, ağlamaya başlar. Annesi yine ilgilenmez. Bu sefer öyle bir çığlık koparır ki kadıncağız elindeki örgüyü fırlatıp Yakup'çuğu kucağına alır. "Seni yaramaz seni. Senin yüzünden hiç iş yapamıyorum" der ve çocuğunu emzirir. Sanki bu davranışıyla Küçük Yakup'a şöyle demek istemektedir: "Görüyorsun ya çocuğum, yalvarıp yakarmayla bana hiç bir şey yaptıramazsın. Fakat yaygaraya başlayınca istediğini yaparım."

Yakup, bir yaşını bitirmediği halde annesinin tavır ve hareketlerinden ne yapmak istediğini sezer olmuştu. Artık yalvarıp yakarmayı bırakmış, bir şey isteyeceği zaman kendini yerden yere atarak feryat etmeye başlamıştı. Bu da fayda vermiyorsa, tepinip yüzünü gözünü tırmalamaktaydı. Feride Hanım, yanına geldikçe "Bu ne biçim çığlıktı? Başına kötü bir şey geldi sandım. Yakup'çuğum, bak sana ne vereceğim. Bisküvi. Al, şimdi nasılsın? Daha iyisin değil mi?" diyordu.

Yakup'çuk, bu şartlar altında büyüyerek Yakup oldu. Fakat bir şey arzuladığı zaman aynen Yakup'çuk gibi istiyordu. Anne veya babasından bir şey isterken küçük bir bebek gibi mırıldanmaya başlıyor, evin içinde bir sağa bir sola giderek bütün eşyaları yere atıp deviriyordu. İstediği yapılmazsa sofraya oturmaz, kuru bir ekmek alıp köşeye çekilir, arzusu yerine gelinceye kadar oturduğu yerden kalkmazdı.

Çocuklarının durumuna çok üzülen anne ve baba komşulara dert yanarlardı. Onlar da kendilerine göre bazı tavsiyelerde bulunur: "Çocuğu çok serbest bırakmamalısınız, daha da ileri gidecek olursa dayak atmalısınız" derlerdi.

Bir gün "ille de bana elbise alın" diye tepinip duran Yakup'a babası güzel bir sopa çekti. Böyle bir durumla yeni karşılaşan çocuk çok sinirlenmişti. Çantasını hazırlarken, "Demek öyle!..." diye bağırdı. "Siz ne yaptığınızı kısa bir süre sonra anlayacaksınız. Artık bu evin elbisesine de ekmeğine de ihtiyacım yok benim!"

Kapıyı çarparak çıkıp gitti.

Babası, arkasından koşup teselli etmek istedi

ama, komşularından biri mani oldu. "Bırak gitsin. Nasıl olsa karnı acıktığında geri gelecek" dedi.

Fakat Yakup, bir daha geri gelmedi. Babası, komşusuna kızıyor: "Bunu tahmin etmiştim. Hani geri gelecekti? Zaten hangi çocuğa sert davranılsa o çocuk evden kaçar!" diye söyleniyordu.

Zavallı Feride Hanım da:

"Keşke oğlumuz Yakup geri gelse! Onun her dediğini yapmaya hazırım. Paramız olmazsa borç alır, isteklerini yerine getiririz" diye ağlıyordu.

Çocukları beceriksiz, faydasız ve neşesiz bir hale getirmek için, onları sevmedikleri ve başaramayacakları meslekler seçmeye zorlamalısınız.

"SEN ÇİFTÇİ OLACAKSIN!"

Kerem Amca, geçimini çiftçilikle sağlayan iyi yürekli, temiz ahlâklı, kafası çalışan bir kimseydi. Ferit ve Bekir adında iki oğlu vardı. Onları elinden geldiğince iyi yetiştirmeye çalışıyordu. Çocuklar büyüdüklerinde onları karşısına alarak, hangi konuya ilgi duyuyorlar ve hangi mesleği seçmek istiyorlarsa, kendilerine o yolda yardımcı olacağını söyledi. Ferit: "Ben öğretmen olmak istiyorum baba" dedi. Bekir ise çiftçilikle uğraşmak istediğini bildirdi.

Kerem Amca, çocuklarına:

– Aferin sizlere... İyi seçimler yaptınız. İnşaallah sevdiğiniz bu meslek ve işlerde başarılı olursunuz. Oğlum Bekir, sen hemen isteğine kavuşabilirsin. Ancak çalışkan ol. İşe başla ve evin yönetimiyle daha yakından ilgilen. İnsan, mutluluğunu çiftçilikte bulmak isterse toprağa ve hayvanlara sımsıkı sarılmalı ve çok çalışmalı... Ferit, yavrum, sana gelince; arzuna engel olmak istemem. Herhalde kendini iyice yoklamışsındır. Çünkü, öğretmenlik çok şerefli, fakat zor bir görevdir. Şimdiden, bir sürü öğrenciyle uğraşmaya hazır mısın? dedi.

Ferit:

— Hazırım baba. İnşallah çevreme faydalı bir öğretmen olacağım, dedi.

Çocuklar sözlerini tuttular. Kendi seçtikleri iş ve mesleklerinde severek çalıştılar. Bekir, çiftçilikle, Ferit ise öğrencilerin arasında mutluluğa erişti.

* * *

Sonra evlendiler. Aradan yıllar geçti.

Ferit'in ve Bekir'in de birer erkek çocukları dünyaya geldi.

Onlar da çocuklarını iyi yetiştirmek için çırpındılar. Ne var ki çocuklar büyüyüp de mesleklerini seçmek istediklerinde hiç de hoş olmayan durumlar ortaya çıktı.

Çiftçi Bekir'in oğlu kitaplarla uğraşmayı, yazıp çizmeyi, edebî çalışmaları çok seviyor ve öğretmen olmak istiyordu.

Öğretmen Ferit Bey'in oğlu ise okullara ısınamamış, bağ bahçe ve hayvanlarla meşgul olmayı tercih eder olmuştu. "Dedem gibi, amcam gibi iyi bir çiftçi olacağım ben!" diyordu.

Ne var ki ne Bekir ne de Ferit Bey oğullarının isteklerini makul karşılamadılar. Onlar çocuklarının kendi seçtikleri meslekleri tercih etmelerini istediler. Durumu babaları Kerem Amca'ya anlattıklarında yaşlı adam: "Onları serbest bırakmalısınız" dedi. Fakat onlar, "Babamız çok yaşlandığı için doğru düşünemiyor" diyerek öğütlerini dinlemediler.

Ferit Bey, oğlunu öğretmen olarak görmek istiyordu. Neticede emeline kavuştu ama, zavallı oğul, mutsuzluk içindeydi. Çocuklarla ilgilenmekten ziyade tarlada, ahırda, bahçede vakit geçirmek istiyor. Bu yüzden de başarılı bir öğretmen olamıyordu. Hayatından hiç de memnun değildi.

Bekir'in oğlu ise "Niçin çiftçilik yapmaya mecbur tutuldum sanki?" diye sızlanıyor, her fırsatta eline bir kitap alıp, bir köşeye çekilerek okumaya dalıyordu. Tabiî bu ilgisizlik sebebiyle ne işçilerin doğru dürüst çalıştıklarını kontrol edebiliyor, ne bahçelerle ve ne de hayvanlarla ilgileniyordu. Yıldan yıla borcunun çoğaldığını, işçilerin birer ikişer kaçtıklarını görüyor, üzülüyordu.

Bir gün amca oğulları bir araya gelip yemek yediler. Hallerinden hiç de mutlu olmadıkları anlaşılıyordu. İkisi de bitkin, mutsuz ve umutsuzdu.

> Size bir sır vereyim mi? Çocuklarınızı hırsız yapmak istiyorsanız onlara bol bol harçlık vermeli ve nereye harcadıklarını hiç sormamalısınız.

BOL HARÇLIK, BOL BORÇ...

Adnan Bey, zengin evlerde çocuklara harçlık verildiğini duyduğu için, her istediklerinde kendi çocuklarına bol bol harçlık verir ve bu parayı ne yaptıklarını hiç sormazdı.

Çocuklar istedikleri her şeyi alabiliyorlardı.

Önceleri paraları yetiyordu. Sonraları ise daha kaliteli tatlılar ve yemekler yemeyi istedikleri için harçlıklarının kısa sürede bittiğini gördüler. Bu sefer arkadaşlarından borç almaya başladılar.

Bir gün hem harçlıklarının, hem de borç aldıkları paranın tükendiğini anlayınca hırsızlık yapmaya karar verdiler. Ne de olsa babaları cebindeki paraları saymıyordu. Onun haberi olmadan paraları aşırmaya başladılar.

Yüksek tahsil çağına eriştiklerinde, yiyip içme, gezip eğlenme yolunda bütün eşyalarını satıp tükettiler. Biriken borçlarını ödeyemedikleri gibi hapiste bile yattılar. Adnan Bey ve hanımı, çocuklarının evdeki eşyaları bile kaçırıp sattıklarından şikayet ediyorlardı.

Zavallı baba, "Niçin bu duruma düştü benim evlatlarım? Sebep ne? Halbuki ben devamlı olarak onları iyiye yöneltmek istedim" diye sızlanıyordu.

Her istediklerini yemelerine göz yumarsanız çocuklarınızı obur yapabilirsiniz.

"O DAHA ÇOK KÜÇÜK"

Melahat, sofraya konmadan önce yemeklerden veya tatlılardan bir parça isteyip yemeyi alışkanlık haline getirmişti. Annesini elindeki kek tabağı ile görünce hemen koşuyor ve yalvarıyordu.

– Anneciğim, bir parça kek verir misin?

Bu yalvarmalara dayanamayan şefkatli anne:

– Dur kızım, hemen bıçak getirip sana bir parça keseyim, derdi.

Fakat Melahat, bıçağı beklemeye razı olmaz, "hemen istiyorum" diye ağlardı. O zaman annesi eliyle bir parça koparıp kızına uzatırdı.

Yemek tenceresi sofraya konunca küçük kız hemen tabağını uzatıp, çok çok koymasını isterdi. Babası ara sıra onu ikaz eder, çocuklara en sonra verileceğini söylerdi. Ama, şefkatli anne:

"O daha çok küçük! Büyüdükçe bu huyundan vazgeçer" derdi.

Nerede Hata Yaptık?

Eve misafir geldiği zaman, önce Melahat'in istedikleri yapılır, sonra misafirlere izzet ve ikramda bulunulurdu. Küçük kız, çaylar içilir içilmez annesinin eteğinden tutarak kurabiyelerin ne zaman hazır olacağını sorar, cevap alamadığında ağlamaya başlardı. Daha sonra da "Ben hiç bir şey istemem!" diye annesini üzerdi. Kurabiyeler fırından çıkar çıkmaz Melahat'a uzatılırdı. Misafirler onu küçük kızdan sonra yiyebilirlerdi. Anne, misafirlerin yanında değilmiş gibi sürekli olarak Melahat'in isteklerini karşılamaya koşardı.

Melahat, büyüyüp genç kız oldu. Fakat hâlâ yemeklere ve tatlılara düşkünlüğü vardı. Çok fazla kilo almasına rağmen, ne vakit bir tatlı görse ağzının suyu akar, mutfakta annesine yardım ederken, ona farkettirmeden eline ne geçerse boğazına indirirdi.

Çocuklarınızın yanında nefis tatlılardan bahsedin ve bunları ballandıra ballandıra anlatın. Onların nasıl oburlaştıklarını görürsünüz.

OBURLAR AİLESİ

Habip adında, yemek ve tatlıdan başka zevki olmayan bir adam tanımıştım. İşi gücü yemeklerden bahsetmekti. İşten eve, her gün elinde pasta ve tatlı paketiyle gelirdi. Paketi açmadan önce, tatlının, pastanın lezzetini över, çocukları heyecanlandırırdı. Onlar da ağızlarının suyu aka aka, babalarının paketi açmasını bekler, çoğu zaman babalarına yalvarırlardı. Yaramazlık yapıp yapmadıklarını sorar ve daha sonra paketi açardı. Tabiî çocuklar pasta yemek için hiç yaramazlık etmediklerini söyleyip yalana başvururlardı.

Habip Bey, gittiği ziyafetlerden döndüğü zaman, mutlaka çocuklarına da bir şeyler getirirdi. Getirdiklerini çocuklarına paylaştırırken, ziyafetin ne kadar zevkli geçtiğini ağzını şapırdatarak anlatırdı.

Habip'in hanımının bu obur adama ve çocuklara pasta ve tatlı pişirmekten canı çıkardı. Bir gün olsun sofrada tatlı bulunmasın, o gün mutlaka evde kıyamet kopardı. Başta Habip, suratını asar, "Bu evde zevkle, yemek yiyemeyecek miyiz" diye sızlanırdı. Çocuklar da tabaklarını bir tarafa iter, annelerini protesto ederlerdi.

Mahallede bu adamla çocuklarının oburluğunu bilmeyen yoktu. Adları "Oburlar Ailesi"ne çıkmıştı.

> Eğer çocuklarınız hâlâ obur olmadılarsa onlara ısrarla, tıka basa yemelerini öğütleyin, böylece muhakkak obur olurlar.

OBUR CAHİT

Kerime Hanım, çocuklarla ilgilenmeyi kibarlık ve asilliğinden bir şeyler kaybettirir korkusuyla hiç istemezdi. Nitekim Cahit adını verdiği bir bebeği doğunca, onun bakımı için Hayriye adında bir hizmetçi tuttu.

— Buyurun, Cahit sizin... Onu her şeyiyle size emanet ediyorum. Kendi çocuğunuz gibi bakıp yetiştiriniz.

Hayriye Hanım, temiz ve namuslu bir kadındı. Çocuğu gerçekten kendi çocuğuymuş gibi büyütmeye başladı. Anneannesinden öğrenmişti ki çocuklar ihtiyaç ve dertlerini söyleyemezler. Ne zaman doyacakları da bilinemeyeceğinden, karınlarını tıka basa doyurmak, hatta çıkarıncaya kadar yemelerini sağlamak lazımdır.

Hayriye Hanım, Cahit'i böyle besliyordu.

Çocuk biraz büyümüştü. Uyanır uyanmaz ya simit istiyordu ya da tatlı. Hayriye Hanım, hemen koşar sofrayı kurardı. Çocuk, kahvaltıdan sonra gelen misafirlere ikram edilen şeylerden de bol bol istifade edebiliyordu. Öğle yemeklerinde yediği şeyler yetmiyormuş gibi akşama kadar atıştırıyor, yatarken bile meyve ve simit yiyordu.

Böylece Cahit'in hayatının ilk yılları yemek, içmek ve hazmetmekle geçti. Tabiî ki oburluk mesleğinde şaşılacak derecede mesafe aldığını tahmin ediyorsunuzdur...

> Çocuklarınızın, kendilerini size beğendirmek için gösterdikleri gayretleri görmemezlikten gelerek onları tembel, düzensiz ve hayata karşı isteksiz yapabilirsiniz.

"HİÇ BİR ŞEYİME EL SÜRME!"

Kadriye, kendileri için çalışıp çabalayan sevgili babasını sevindirmek düşüncesiyle bundan böyle çok iyi bir çocuk olmaya karar verdi.

Yatağından kalkar kalkmaz hemen dikiş makinasının başına geçti. Boyundan büyük işler yapmaya çalıştı. "Babam şimdi odaya girip beni böyle çalışırken görünce kim bilir ne kadar sevinecek" diye düşündü.

Babası odaya girdi. Fakat onu hiç görmemiş gibiydi. Takvime baktıktan sonra çıktı. Bir süre sonra yeniden geldi. Bu arada Kadriye, kendini göstermek için gayret sarfettiyse de babası yine onu farketmedi.

Yemekten sonra arkadaşlarının yanına çıktı. Bunu fırsat bilen Kadriye, hemen babasının odasına girdi. Sandalyeleri dizdi, masayı sildi ve her şeyi yerli yerine koydu. Sonra masanın başına oturarak babasına bir mektup yazdı. Bu mektupta artık çok düzenli ve çalışkan bir kız olacağını anlatıyordu.

Babası eve dönüp, odasına girdi. Kadriye, göz ucuyla babasına bakıyor ve ona sokularak yaptıklarından memnun olup olmadığını anlamak istiyordu. Ne var ki, babası, kendisi yokken odasında yapılan düzenlemeleri hiç farketmedi. Üstelik sert bir biçimde:

— Benim bloknot defterim nerede? diye bağırdı.

Defteri nereye koyduğunu birden hatırlayamayan küçük kız, korkuyla sağa sola bakındıktan sonra:

— Buldum, buldum, burada işte, diyerek defteri koyduğu yerden getirdi.

Babası:

— Bunu sen sakladın değil mi? diye sorunca kekeledi:

— Ben, şey yapmak istiyordum.

— Ya defterin içinde önemli bir şey olsaydı! Bir daha hiç bir şeyime elini sürme!

Kadriye, hayal kırıklığına uğramıştı. Hayır, babasına yazdığı mektubu vermeyecekti. Fakat sonra yine de mektubu gösterme isteği ağır basınca, onu uzattı.

Adam şöyle bir göz gezdirdikten sonra, kağıdı buruşturup attı ve:

— Böyle şeylerle beni uğraştırma! dedi.

Bütün bu olanlardan sonra zavallı çocuk düzenliliğini ve çalışkanlığını kaybetti. Artık babasının hoşuna gidecek hiçbir şey yapmıyordu.

> En küçük hatalarından dolayı bile çocuklarınızı döverseniz, onları çok kolaylıkla aptal yapabilirsiniz.

APTAL ÇOCUKLAR

Çocuklarını en küçük hatalarından dolayı cezalandıran bir aile tanımıştım.

Adem ve İshak, bir işi anne ve babalarının istedikleri gibi yapmazlarsa şiddetli tehditlere muhatap olurlar ve sık sık şu cümleye benzer sözler işitirlerdi: "Durun bakalım. Sizin canınız dayak istiyor herhalde!"

Bu ve buna benzer tehditler sözde kalmıyor, günde en azından birkaç defa uygulanıyordu. Zavallı çocuklar özellikle babaları kızdığı zaman çok fena dakikalar geçiriyorlardı. Çünkü adamın ağır ve kocaman elleri vardı. Bu kocaman eller, çocukların kafasına indiğinde onları sersemletiyordu. Böyle sert darbeler yüzünden beyinleri sarsılmış, ikisi de aptallaşmışlardı. Bakışları donuk, ağızları açık duruyordu. İlk bakışta geri zekâlı intibaı veriyorlardı. Arkadaşları onlarla alay ediyor, olur olmaz şeylerle kandırıp gülüşüyorlardı. Tokatların ekserisi kulaklarına isabet ettiğinden, iki çocukta da işitme güçlüğü vardı. Bu zâlim babanın elinde çocuklar, kısa zamanda, daha hayatlarının baharında aptal olup çıkmışlardı.

Kim çocuğunun aptallaşmasını istiyorsa aynen böyle yetiştirsin.

Aşırı içki için, çocuklarınızın nasıl geri zekâlı olduğunu gözlerinizle görün!

İÇKİ

Şakir Bey'in çocukları geri zekâlı idiler. Konuşmayı sekiz yaşında, okumayı ise ancak oniki yaşında öğrenebilmişlerdi. Fakat bir türlü düşünmeyi ve doğru karar vermeyi öğrenemiyorlardı.

Bu duruma çok üzülen anneleri, çocuklarını doktora götürerek bir çare bulmasını rica etti. Doktor ailenin halini araştırıp öğrendikten sonra:

"Bunun başka çaresi ve izahı yoktur. Beyiniz içkiyi tamamen bırakmadıkça yeni doğacak çocuklarınız da bunlardan farklı olmaz" dedi.

Zavallı anne çocuklarına bakıp hıçkırıyordu. Çünkü, kendisinden sopadan başka birşey görmediği kocasına nasıl söz dinletecekti!...

OKULLU ANNE

Ahmet Bey'lerin, evliliklerinden beş yıl sonra bir oğulları olmuştu. Uzun süre evlat hasreti çeken anne baba, çocuğuna gözleri gibi bakıyor, onun en küçük ihtiyaçlarını bile kendileri yerine getiriyorlardı.

Sürekli olarak çocuğa şu tembihlerde bulunuyorlardı:

"Koşma terlersin, atlama düşersin, öyle oynama bir yerini incitirsin."

Onu sokağa çıkarmıyor, bir yerlerden düşeceğinden veya çocuklardan hastalık kapacağından korkuyorlardı. Zavallı çocuk, dört duvar arasında, altın kafese kapatılmış bir kuş gibiydi.

Okul yaşına geldiği halde, hâlâ onu annesi giyindiriyordu. Kendi başına tuvaletini yapamıyor, yemeğini yiyemiyordu.

Sabah kalktığında "anne pantolonumu giydir, baba çorabımı bulamıyorum, anne yüzümü yıka" gibi istekler çok normal davranışlarıydı.

Okula başladığı gün, altın kafesten çıkarılmanın şaşkınlığı içindeydi. Annesinin elinden sıkı sıkıya tutmuş, bırakmak istemiyordu. Sınıfta kendisiyle birlikte oturmasını istiyor, "anneciğim beni yalnız bırakma" diye yalvarıyordu.

Çocuklar kendilerine iyi bir oyuncak bulmuşlardı: "Annesinin kuzusu, bugün annen okula gelmedi mi? Amanın çok üzgünsün! Sana bir anne bulalım ha!" deyip gülüyorlardı.

> Çocuklarınızı, çok küçük yaşlarda zekâlarının gelişmesi için zorlarsanız, onların aptallaştıklarını görebilirsiniz.

ÇOCUKLAR ATA BENZER

Profesör Osman Bey'in sevimli bir kızı dünyaya gelmişti. Daha doğduktan birkaç hafta sonra hareketleriyle gösterdiği zeka belirtileri, anne ve babayı sevindirmişti.

Onlar, bütün kalpleriyle yavrularına bağlandılar. Bütün günlerini onunla geçiriyor, onu güldürmek ve oynatmak için uğraşıyorlardı. Böylece çocuk birçok şey öğreniyordu.

Bir yaşına geldiğinde yaptığı ilginç hareketlerle, söylediği sözlerle dikkatleri üzerinde toplamaya başlamıştı. Anne ve baba, mutluluklarını daha da artırmak için, çocuklarının ihtiyacı olan her şeyi hemen alıyorlardı. Küçük kız, bir şeyler öğrense, onu eşe ve dosta göstermek için fırsat arıyorlardı. Çocuk her zaman övülüyor, seviliyor ve durmadan okşanıp öpülüyordu.

Misafirler gittikten sonra, annesi kızını dizlerine oturtarak şöyle diyordu:

– Bir şeyler öğrenebilmen ne kadar güzel! Bu arada seviliyor, övülüyor ve çikolataları da yiyorsun. Haydi bakalım, işin yolunda...

Bunun üzerine çocuk, gücünden fazla gayret göstermeye başladı. Arkadaşları dışarıda oynarken, o odasına kapanıp, hayret edilecek kadar çok şeyler öğrendi. Dört yaşına geldiğinde her şeyi okuyabiliyor, bu arada Fransızca ve coğrafya dersleri alıyordu. Altı yaşındayken tarih dersleri almış ve çoğu yazarları okumuştu.

Anne ve babanın akıl almaz ilgisi meyvesini vermişti. On iki yaşına geldiğinde, hiç tanımadıkları kimseler bile bu harika çocuğu görmeye geldiler. Çünkü o eski medeniyetlerden bahsediyor, bir sanat tenkitçisi gibi şair ve yazarları tenkit ediyor, yeni çıkan savaşların sonuçları hakkında kendinden emin şeyler söylüyordu.

Zekiliğini ve çalışkanlığını böyle sürdürebilseydi, mükemmel bir insan olacaktı. Ne var ki onüç yaşından sonra gerileme başladı. Kızcağız, okuduğunu anlayamaz ve hiçbir şeyi kafasında tutamaz hale geldi. Sonunda kafası hiçbir şey almaz aptal biri oldu.

Bir gün amcası ve çocuklarından biri, onları ziyarete gelmişti. Yaşına göre eğitilen misafir kız hareketli, zeki ve çok neşeli bir haldeydi. Profesör Osman Bey, bu cıvıl cıvıl çocuğa bakarken çok üzüldü. Çünkü kızının tam tersiyle karşı karşıyaydı.

Öylesine üzülmüş ve canı sıkılmıştı ki koltuğuna yığılır gibi oturdu. Derin derin ah çekmeye başladı. Bir esnaf olan küçük kardeşi:

– Ne oldu ağabey, çok üzüntülüsün, dedi.

– Hiç sorma. Kızımın durumu aklımdan çıkmıyor.

– Ne oldu ki, hasta mı yoksa?

– Ne desem bilmiyorum. Ona hasta demek doğru

olur mu? Her gün biraz daha kendini kaybediyor. Kavrayışı o kadar geriledi ki şaşıp kalırsın.

-Zavallı çocuk...

– Ona ne kadar emek verdiğimi ve bir sene önceki durumunu iyi bilirsin...

– Evet... Ağabey, hiç alınma ama ben çocukları ata benzetirdim. Daha gelişmeden onlara yük vurulursa, küçük ve güçsüz kalırlar. Çocuklar da çok küçük yaşta okumaya zorlanırlarsa atlardan farkları kalmaz. Aslında ben bunu çoktan anlamıştım ama bir türlü söyleyemedim... Belki, "Basit bir esnaf benim gibi bir profesöre akıl mı öğretecek?" dersin diye düşündüm...

> Çocuklarınızı beceriksiz ve pısırık bir hale getirmek mi istiyorsunuz? Öyleyse onların her işini başkalarına yaptırın... Kendi başlarına bir iş yapmalarına da fırsat vermeyin.

ÜÇ HİZMETÇİ YETMİYOR

Haşim Bey'in sevgili eşi, çocuklarının üzerine titrer, onların hiç bir iş yapmalarına fırsat vermezdi.

Öğleden sonraki vakitlerini onları giydirmek, saçlarını taramak ve yemeklerini hazırlamakla geçiriyordu. Sofrada rahat bir kahvaltı bile mümkün olmuyordu. Çünkü çocuklardan biri: "Ekmek istiyorum" derken, diğeri: "Bıçağım yok" diyor, bir başkası da: "Ben susadım" diye bağırıyordu. Kadıncağız onların isteklerini yerine getirmek için bir oraya, bir buraya koşup duruyordu.

Gezmeye gitseler, çocuklara son derece dikkat ederler; ana yola çıkmamalarını, çukur yerlere inmemelerini, kayalara tırmanmamalarını tenbih ederlerdi. Bu yüzden çocuklar da çok korkak hareket ediyor, hafif bir engelle karşılaşsalar bile anne ve babalarını bekleyip, ellerinden tutmak istiyorlardı.

Her zaman hazıra konmanın sonucu pek kötü olmuştu. Çocuklar o kadar beceriksiz bir hale düşmüşlerdi ki, üstlerini başlarını bile giyemiyorlar, elbise dolaplarını düzenleyemiyorlar, en basit alışverişi bile yapamıyorlardı.

Elif Hanım'ın her çocuğu için bir hizmetçi tutması gerekiyordu. Çünkü yıllar geçtikçe ihtiyaçları daha çok artıyordu. Kadıncağız, elini kolunu sıvayıp bütün gününü dört kızı ve iki oğlunun çamaşırı, bulaşığı ve yemeği ile geçiriyordu. Bazen kocasını bile yardıma çağırıyordu. Yemeğe başladıklarında çocukları için bir kalkıp bir oturuyorlar, rahat bir nefes alamıyorlardı.

Topluca bir gezintiye çıksalar, çocuklarıyla uğraşmaktan usanır hale gelirlerdi.

– Anne, eteğim düştü...
– Baba tokam düştü...
– Tut beni, düşüyorum.

Günlerden bir gün Elif Hanım'ın kızkardeşi onları ziyarete geldi. Sohbet sırasında ablası dert yanmaya başladı.

– Ah, diyordu hiç sorma. Hayatımdan memnun değilim. İşim gücüm bitmiyor. Bütün gün aşağı yukarı koşturmaktan canım çıkıyor. Akşamları yatağa ölü gibi düşüyorum. Bu altı çocuk beni öldürecek...

Kardeşi şaşırmıştı:

– Fakat, dedi, anlayamıyorum. Bu kadar da hizmetçin var.

– Evet, doğru. Üç tane hizmetçimiz var. Fakat bir düşünsene altı çocuk bütün hizmeti bizden bekliyor.

– Nedenmiş o? Elleri ayakları tutmuyor mu? Her biri bir hizmetçinin yapacağı işi becerir. Kızlarının üçü büyük değil mi? Biraz kıpırdasalar sana hiç iş düşürmezler, öyle değil mi?

Elif Hanım, yeniden ah çekerek şöyle cevap verdi:

– Çocuk gibi konuşuyorsun. Onların üstlerine başlarına bir şey olsa veya bir çorba pişirmek zorunda kalsalar ne hale düşeceklerini ancak ben bilirim...

> Çocuklarınızın düzenli ve tertipli olma heveslerini kırabilirseniz, onları düzensiz hale getirebilirsiniz.

PASAKLILIK NASIL BAŞLAR?

Küçük Saide, birkaç yıl halasının yanında kalmış, çok temiz ve titiz bir kadın olan halasından güzel şeyler öğrenmişti.

Düzenli ve örnek bir çocuktu. Elbiselerinin ve çamaşırlarının her zaman temiz olmasını isterdi. Her eşyası yerli yerindeydi. Bir şeyi kullandıktan sonra hemen yerine asmaya ve yerleştirmeye dikkat eder, elbiselerinde ve çoraplarında bulunan yırtığa göz yummazdı. Fakat sevgili annesi onun bu düzeninden hiç de memnun görünmüyordu. "Eğer böyle devam edecek olursa bütün günümü Saide ile geçirmem gerekir" diye düşünüyordu.

Saide'nin erkek kardeşi Abdullah, çok yaramazdı. Ablası evde olmadığı zaman onun kitaplarını ve oyuncaklarını arar bulur, onları sağa sola saçardı. Saide, eve dönünce bu durumu annesine şikayet eder, dolabını ve kitaplarını göstererek Abdullah'a engel olmasını isterdi. Fakat, her seferinde şöyle diyordu annesi:

— Böyle ufak tefek şeyler için neden gürültü ediyorsun? Onları tekrar topla ve yerlerine koy!

Saide, elbisesinde veya çorabında bir sökük, yırtık görse korka korka annesine gidiyor ve:

– Anneciğim, bakar mısın? Burası sökülmüş. İğne iplik verirsen ben kendim dikerim, diyordu.

Fakat annesi başını bile kaldırmadan:

– Şimdi iğneyi nerden bulayım. Hem seninle uğraşacak vaktim yok, diye tersliyordu.

Saide, ara sıra arkadaşlarına gider, geldiği zaman da elbiselerini alabilmek için dolabın anahtarını isterdi annesinden. Kadın yine bağırır:

– Yarın bolca vaktin var. Şimdi onları kanepenin üstüne bırak! derdi.

Aylar geçtikçe Saide dolabıyla ilgilenmemeye, kitapları ve oyuncukları rastgele atmaya, hatta eşyalarını evden bahçeye kadar yaymaya başladı.

Artık öyle bir hale gelmişti ki, delik çorapları giyiyor, kirli ve yırtık çamaşırlarla sokağa çıkmaktan çekinmiyor, döndüğü zaman da giysilerini soyunduğu yere atıyordu.

Sonunda evlendi. Öylesine pasaklı ve düzensiz bir ev kadını olmuştu ki çocuklarına önlük yerine kundak bezi bağlıyor, kirli çamaşırları kilere atıyordu.

Yaşantısı böyle olan anne ve babanın çocukları da farklı olamazdı.

> Çocuklarınızı küçük yaşta süslü püslü, gösterişli ve modaya uygun giydirirseniz, büyüdüklerinde onları "moda hastası" tipler olarak görebilirsiniz.

PARİS'TEN GELEN ELBİSE

Zekiye Hanım, Zübeyde adını verdiği sevimli bebeği uğruna her şeye katlanabilirdi. Her fırsatta onu nasıl güzel giyindirebileceğini düşünüyor, son moda elbise ve ayakkabılar almakta tereddüt etmiyordu.

Zübeyde büyüdüğünde güzel huylu bir çocuk olmuştu. Simidini fakir çocuklarla paylaşmaktan, kumbarasında biriktirdiği paralardan bir kısmını yoksullara dağıtmaktan zevk alırdı. Sonra, öğrenme isteği ile dolu bir çocuk olduğu için her şeyi merak eder, nereden geldiğini, ne işe yaradığını sorup dururdu. Kardeşinin alfabesini alır ve annesinden harfleri öğretmesini isterdi. Ne var ki, evde, onun bu iyi yönleri farkedilmiyordu. Şayet yeni bir elbise ve çorap giyse sevilip öpülmekteydi. O zaman annesi kucağına çekip sarıldığı kızına:

— Biricik meleğim, ne kadar güzel olmuşsun. Gel seni aynanın karşısına geçireyim. Sakın bu cici elbiselerini kirletme, olur mu? diyordu.

Zübeyde, bütün bunları gördükçe dünyaya güzel

ve temiz giyinmek için geldiğini sanıyordu. "Herhalde hayvanlardan farkımız bu olmalı..." diye düşünüyordu.

Sonunda giyim, kuşama düşkün bir kimse oldu. Arkadaşlarını bile buna göre seçiyor, son modaya uygun giyinmeyen insanları zevksiz ve sevimsiz buluyordu. Kolundaki altın saat için duyduğu gurur ve sevinç, insanların en önemli değerlerinden duydukları gurur ve sevinçten daha fazlaydı.

Paris'ten getirttiği elbiselerle görülmedik havalara giriyordu. En kötü suçları bile affeder, fakat elbisesindeki en ufak hataya asla göz yummazdı.

Kendisine bir çorba pişirmesini söyleseniz şaşırır, bir bez kenarının nasıl işleneceğini bilmezdi. Ama, hangi elbisenin kendisine yakışacağını, makyaj malzemelerinin çeşitlerini ve adlarını kendi adı gibi bilirdi.

Arkadaşlarının kitap okumakla geçirdiği vakitlerini, o, ya dolaptaki elbiselerini saymakla ya da mücevher sandığının başında kolye ve takılarını seyretmekle geçirirdi.

Sakın Zübeyde'lerin evine modası geçmiş elbiselerle gitmeyin. Sizinle bir kelime bile konuşmayabilir!...

> Çocuklara sık sık çalışmanın zorluğundan bahsederseniz onların avare ve haylaz kimseler olarak yetişmelerini sağlayabilirsiniz.

AH ŞU TATİL BİTMESE!

Aslını düşünürsek, boş gezmek kadar zor bir şey yoktur. Çünkü insanın tabiatında, kanında, ruhunda, kalbinde çalışmaya karşı bir eğilim vardır. Her insan daha bebekken bile elleriyle, kollarıyla zorlayarak kundağından çıkıp serbest hareket etmek ister.

Bütün bunlar doğrudur ama, Muhsin Usta gibi hiç çalışası gelmeyen kimseler de vardır dünyada. O, zor bir işi olduğu zaman, bunu bir iki hafta önceden kendisine dert edinmeye başlar. Oflayarak puflayarak şöyle der:

— Gelecek hafta benim için çok zor olacak. Durmadan çalışmam gerekecek. Bu çekilmez işlerin altından nasıl kalkacağım, bilmem ki...

İşi yapma vakti geldiğinde de öylesine bunalır ve sıkıntıyla dolar ki ikide bir sandalyeye oturup of çeker: "Aman Allah'ım! İş, iş, iş... İnsana rahat yok şu dünyada..."

Muhsin Usta'nın en çok sevdiği şey tatil günleridir. Cumartesi geldi mi, "şükürler olsun, bir hafta daha geçti, yarın pazar, keyfimce yatıp uyuyacağım" diye mırıldanırdı.

Tatile gitse, son günleri uzatmak için bir sürü bahane bulurdu.

Sokakta zengin birini görse, hemen çocuklarına şunları söylerdi:

– Bu adam çok zengin. İstediği gibi gezer, dolaşır. İstediğini yer içer ve dahası istediği kadar yatıp uyur...

Büyük oğlu Serhat, babasına hak vermekte ve tıpkı onun gibi düşünmektedir. Ömrünün onüç senesini yaramazlıkla geçirmiş, okuma yazmayı bile dayak yiye yiye öğrenebilmiştir.

Muhsin Usta, Serhat'ın üniversiteye devam etmek istediğini duyunca çok sevinmiştir. Fakat gerçek şudur ki Serhat, öğrenciliği, avare dolaşmak ve hazır para yemek için seçmektedir.

Nitekim üst üste sınıfta kalarak, babasını perişan eder. Öylesine tembel ve vurdum duymazdır ki eğlence ve kumardan başka bir şey düşünmez. İkinci sınıfta iken okuldan atılır. Küçük kardeşi denizci olmuş ve uzaklara gitmiştir. Serhat, onun zengin olduğunu, öldüğü zaman mirasının kendisine kalacağını sanmaktadır ama, ondan aldığı bir mektup bütün ümitlerini yele verir. Şöyle yazmaktadır kardeşi: "Ağabey, canım hiç çalışmak istemiyor. Bıktım usandım orayı burayı dolaşmaktan. Bir emekli olabilseydim, başka bir şey istemeyecektim."

> Çocuklarınızı cimrileştirmek için onlara paranın çok değerli bir şey olduğunu sık sık hatırlatmalısınız.

PARA MUTLULUKTUR!

Bu hikâyeyi okuduktan sonra, Lütfi Bey'in cimri olup olmadığına siz karar vereceksiniz.

O, parayı çok seven bir adamdı. En güzel günü para kazandığı gün, en sevdiği saat, paralarını saydığı saatti. Hoşuna giden tek kelime ise "zengin" kelimesiydi.

Düşüncelerini, her fırsatta küçük oğlu Ferhat'a telkin eder, paradan söz açıldığında zevkten dört köşe olurdu. Savaş sırasında kazandığı büyük paraları düşündükçe gözleri açılır, yüzü gülerdi. Birisinin zengin bir adamla evlendiğini ve sonunda bütün mirasın ona kaldığını duysa: "İşte gerçek şans diye buna derim ben. Kadının başına talih kuşu konmuş" derdi.

Sık sık Ferhat'ı karşısına alarak: "Oğlum, ne kadar çok paran varsa o kadar mutlu olursun. Hep adaletten ve faziletten bahsederler ama, bana göre paranın sesinden daha güzel, daha tatlı bir şey olamaz. Onun açmadığı kapı yoktur. Senin de en yüce amacın para kazanmak olsun" diyordu.

Para harcamayı gerektiren her şeyi reddederdi Lütfi Bey. Hele hele gezileri, davetleri çok lüzumsuz bulur, bunları tertipleyenlerin cezalandırılmasını bile isterdi. "Bunlar, sonunda bir lokma ekmeğe bile muhtaç olurlar. Aslında fakirlere değilde iş yapan insanlara yardım etmek lazım. Çünkü böylece onların daha fazla kazanmaları sağlanmış olur. Doğrusu benim fakirlere verilecek param yok, zira adamlar aldıkça tembelleşiyorlar" derdi.

Ferhat, bu sözleri duydukça hayır ve yardımın ne demek olduğunu unutup gidiyordu tabiî. Babasının aldığı kumbarada, verilen harçlıklarının bir kısmını artırınca, onun ne kadar memnun olduğunu görüyor, daha çok artırmak için bir simit bile alamıyordu. Kumbaradaki paraları sayarlarken babası: "Bu kadar parayı saymak insana büyük bir huzur verir!" diyordu.

Ferhat, artık, mantıklı bir insanın yegane amacının para olduğunu düşünmekteydi. Bu sebeple Allah'ın verdiği mevsimlik nimetlerden bile faydalanmaz, üstelik anneannesinin verdiği yiyecekleri arkadaşlarına satarak para kazanırdı.

Daha on yaşında iken ticaret ehli olup çıkmıştı. Çocukları kandırıp ellerindeki oyuncakları alıyor ve bir süre sonra onları satarak para kazanıyordu. Ticareti o kadar geliştirmişti ki, bazen babasına bile borç veriyordu. Lütfi Bey, çocuğundaki bu gelişmeler karşısında çok seviniyor, "Aferin sana! Galiba çok zengin olacaksın" diyerek onu övüyordu.

Ferhat, zamanla babasını bile geçti. Para hırsı içini o kadar bürümüştü ki, bu konuda en küçük ayrıntıyla bile saatlerce uğraşabilirdi.

Sofrasında her zaman ucuz yiyecekler bulunmaktaydı. Mandıracıda veya kasapta bozulmaya yüz tutmuş ucuz peynir veya et bulunduğunu duysa, hemen gidip oradan bir haftalık yiyecek alırdı. "Bir kaç kuruş kazançlı olmak için bunlara katlanmak lazım" diyordu.

Ona göre iyi bir ev kadını eti azar azar kullanmalı, peyniri bozulacak diye hemen tüketmemeliydi.

Toplumla iç içe yaşadığı halde çekmecedeki altın ve gümüşle beraber olmayı tercih ediyor, onlarla sohbet ederken bir kuruş bile masraf etmemesine seviniyordu.

Cami ile, cemaat ile ilgisi yoktu. Namaz kılarak geçireceği vakti, para kazanmak için yeni projeler üretmeye ayırmıştı.

Öldüğünde geriye milyonlarca lira bıraktı ama, insanlar onun cenaze namazını bile isteksizce kıldılar. Ne dünyada rahat edebilmişti Ferhat Bey ne de ahirette rahat edebileceği söylenirdi.

Ne evlat sevgisi, ne iş sevgisi, ne de insan sevgisi nasip olmuştu. Kasası dolu, ruhu ve kalbi bomboş toprağa gömüldü gitti...

Çocuklarınızı öğüt dinlemez bir hale getirmek istiyorsanız, onlara durmadan vazifelerini anlatmalısınız. Göreceksiniz ki zamanla duyarsız bir hale geleceklerdir.

ETKİSİZ İLAÇ

Bir insanın en etkili ilacı sürekli olarak kullandığını düşünün. Bilin ki o ilaç, bir süre sonra onda hiç bir etki bırakmayacak ve istenilen faydayı sağlamayacaktır. İsterseniz Hamide Hanım'ın durmadan tekrarladığı öğütleri dinleyelim. Bazen arslan kesilerek söylediği ve çocuklarının iyice alıştıkları için hiç aldırış etmedikleri nasihatlere şöyle bir kulak verelim:

– Çocuklar! Yardımı sevin. Hayırdan, yardımdan, güzel işlerden hiç geri kalmayın. Halis, nazik ol. Ağlayıp sızlama. Bir kötülük gördüğünde hemen bana söyle. Eve bir misafir geldiği zaman onu güler yüzle karşıla. Ellerini öp. Bu dediklerimi iyi dinle, eğer aldırış etmezsen seni fena halde döverim. İstediğin zaman sokağa çıkabilirsin. Fakat her zaman olmaz. Köylü çocuklar gibi ellerini ağzına alma. Yemek yerken kurallara uy. Üstüne başına dikkat et, kirletme.

– Nuri, yemekleri yavaş ye! Kaşığına az alırsan o zaman hiçbir şey olmaz. Bir daha dün yaptığın gibi bana gelip, "Et istiyorum, çorba istiyorum!" deme. "Sevgili anneciğim, ya da sevgili babacığım bana biraz et ve çorba verebilir misiniz?" de. Sevimli çocuklar gibi kibar ol ki, yabancı birileri geldiğinde seni övsün ve sevsin."

— Hüsniye! Ne biçim duruyorsun öyle? Kafanı dik tutma. Benim gibi otur. Bu saçmalıkları arkadaşlarından mı öğreniyorsun? Yaramaz çocukların yanına gitmemen gerektiğini kaç kere söyledim sana. Fakat öğütlerim bir kulağından girip öbüründen çıkıyor. Şu kirli çamaşırları hâlâ götürmedin mi? Biraz düzenli ol.

* * *

Yerli yersiz söylenen bu nasihatler, çocukları bunaltıp bıktırmıştı. Artık her söylenen nasihat, ters tepen silaha dönüyordu.

Kötü alışkanlıkları çocuklarınızın yanında sık sık tekrarlayabilirseniz, onların sizi örnek aldıklarını ve bu alışkanlıkları kazandıklarını görebilirsiniz.

BU SÖZLER BİZİM EVDE KONUŞULMAZ!

Rasim Bey ve karısı, farkında olmasalar bile birtakım kötü alışkanlıklara sahiptiler. Sık sık kaba ve çirkin sözlerle atışır, görgü kurallarına aykırı davranışlarda bulunurlardı.

Bir defasında dostlarını yemeğe çağırdılar. Ziyafete kendi çocukları da iştirak ediyordu. Onlar sofraya oturur oturmaz tartışma başladı. Harun, gayet yüksek bir sesle kardeşine kızıyordu:

– Aptal çocuk! Elindeki bıçak benim değil mi, niçin aldın?

Kardeşi de ondan aşağı kalmazdı. Hemen cevabı yapıştırdı:

– Kapa çeneni sersem. Senin bıçağını ben ne yapayım.

– Tabiî ki, sen aldın, herkesi rahatsız ediyorsun.

– Anne, baksana "Bıçağımı sen aldın" diyor.

– Susun çocuklar! Harun, al sana bir başka bıçak.

– Ama bu kasap bıçağı gibi. Bununla nasıl yemek yerim...

– Ne demek oluyor oğlum, sus artık.

Nerede Hata Yaptık?

— Anne, şu oğluna bak, ekmeğimi masanın altına atıyor.

— İsteyerek atmamıştır. Davud, hemen eğilip al.

Davud, ağabeyine kızgınlıkla bakıyor ve misafirleri bile yerin dibine geçirecek bir ses tonuyla:

— Adî köpek, intikam almak istiyorsun değil mi? diyor.

Rasim Bey ve hanımı da kıpkırmızı oluyorlar. Çocuklarının sık sık tekrarladıkları uygunsuz davranışların sebebini bir türlü anlayamıyor, bazen görmemezlikten gelerek, bazen tatlı sözlerle onları ikna etmeye çalışarak, bazen de tehdit ederek bunun önüne geçmeye çalışıyorlar. Fakat ne yapsalar boşuna. Çocuklar hiç değişmiyorlar.

Rasim Bey, bir komşusuna şöyle dert yanıyordu:

— İnsanın, çocuklarını kötü kimselerden koruması çok zor. Evde hiç kötü şeyler duymadıkları, kötü bir hareket görmedikleri halde, sokaktaki çocuklardan hep kötü alışkanlıklar öğreniyorlar. Allah korusun, bu sözlerin hiçbirisi bizim evde konuşulmaz.

Onları iyi tanıyan komşuları gülümsüyor. Bir ara Harun'u köşeye çekip soruyor:

— Bu çirkin sözleri kimden öğreniyorsun Harun?

Çocuk önce cevap vermek istemiyor ama, sonunda:

— Babamdan, deyiveriyor.

— Peki, kasap bıçağı lafını kim öğretti sana?

— Annemden duydum...

Onları gizlice dinleyen anne, komşusu çekip gidince Harun'un kulaklarını çekerek:

"Serseri çocuk!" diye bağırıyor. "Dağ ayısı... bu ahlâksızlıkları ben mi öğretiyorum sana. Ahlaksız adî köpek. Hayatın boyunca benden böyle bir kelime duydun mu?"

DAİMA AĞLAYAN KADIN

Müzeyyen Hanım'ların evinde bir şey ters gitse, kadıncağız hemen ağlamaya başlardı. Yemekte bir eksiklik olsa yahut kocası biraz yüksek sesle bir şey istese veya çocuklarından birisi sözlerine itiraz eder gibi olsa Müzeyyen Hanım, kendini tutamaz, bir köşeye kapanarak hıçkıra hıçkıra ağlardı.

Bir defasında, kızkardeşi, neden ağladığını sorduğunda:

"Ah halimi bir bilsen, bugün yemeğin tuzunu çok koymuşum" diye cevap vermişti.

Çocukları da, onun bu halini görüp, en ufak şeyden alınan ve her fırsatta gözyaşı döken, mızmız çocuklar haline gelmişlerdi. Tek tesellileri, gözyaşlarıydı.

En büyük oğlu subay olmuştu ama, bir toplulukta otururken hafif kırıcı bir söz işitse hemen gözleri doluyor ve rahat rahat ağlayabileceği bir köşe arıyordu.

HATALI DAVRANIŞLAR

Fahrettin Usta'ya göre, kibar davranışlar kadına, sert ve kaba davranışlar da erkeğe yakışırdı. O, sadece böyle düşünmez, özellikle böyle davranırdı.

Sabahları uyandığında yüzü asık olur ve homurdanmaya benzer garip sesler çıkarırdı. Kızı, yanlışlıkla ayağına bassa, hemen o kadar kuvvetli bir yumruk vururdu ki, çocuk duvara çarpıp yere düşerdi. O yerde ağlarken Fahrettin Usta haykırırdı:

– Aptal çocuk! Önüne baksana!...

İstek ve emirleri son derece sert ve katı idi. Rica etmek nedir bilmiyordu. Yabancı birisi onun sesini duysa korkup kaçardı yanından. Sık sık: "Bu ayakkabılar burada ne geziyor? Bunları boyayacak mısın? Al şunu, hemen masanın üstüne koy! Ne zaman bitireceksin bu yazıyı. Sen çok tuhaf bir çocuk oldun" gibi sözler söylerdi.

Tıpkı tayfalarını azarlayan bir gemici gibiydi.

Üstelik çocuklarının da kendisi gibi yetişmesinden memnunluk duyuyordu.

Kızı Gönül bile her zaman kaba davranan bir çocuk haline gelmişti. Kardeşinden bıçak, dikiş iğnesi veya makas gibi şeyler almak istese, hemen elinden çeker o da direnince aralarında kavga çıkardı. İş bununla kalmaz, birbirlerinin saçını başını yolar, ellerini yüzlerini tırmalarlardı. Onlar ayrıca her yemekte tepinmekten, birbirlerine masa altından tekme savurmaktan geri kalmıyorlardı.

Tıpkı babaları gibi herkese karşı sert ve kaba davranıyorlardı.

PASAKLI GELİN

Saliha Hanım kadar pasaklı bir kadın var mıdır acaba?

O, çocuğuyla dışarı bile çıkmaz, saatlerce bir sandalyede oturur yahut vaktinin çoğunu yatakta geçirirdi.

Yataktan kalktığında, pencereyi açıp içeriyi havalandırmayı hiç düşünmezdi. Karyolayı düzenlemek aklına bile gelmezdi. Çocuğuyla yemeğe oturur, masayı temizlemeden kalkardı. Sofra, diğer yemek vaktine kadar öylece dururdu ortalıkta.

Çocuğu Firdevs de kendine çekmişti. Ortalıkta

dağınık gördüğü hiçbir şeye elini sürmüyor, çarpıp düşürdüğü eşyaları yerden kaldırmıyordu.

Saliha Hanım'ın kocası bu durumdan şikâyetçi olduğunda, alacağı cevap şu idi:

— Anlayışsız adam! Sabahtan akşama kadar çocukla ilgilenen bir kadın, ev işlerine nasıl baksın?...

Firdevs büyüyüp evlenmişti sonunda. Tıpkı annesi gibi pasaklı bir gelindi. Kirden eli yüzü görünmüyordu; çorapları yırtık, ayakkabıları delikti... Yatak odasını hiç anlatmayalım daha iyi...

Zavallı kocası yemek kokusundan ve evin dağınıklığından ne yapacağını şaşırmış vaziyette. İçi her geçen gün hanımına karşı nefretle doluyor.

TEMİZLİĞİN BÖYLESİ

Şûle Hanım, çok hassas ve titiz bir kadındı. Sabahtan akşama kadar temizlik işleriyle uğraşır; evi düzenler, siler, çamaşır yıkar, en ücra köşeleri bile ihmal etmezdi. Ne var ki bu hassasiyeti ve titizliği kendi vücuduna göstermezdi. Gerçek şu idi ki Şûle Hanım'ın evi, kendisinden daha temizdi. O'nun evinin temizliğine hayran olanlar, dağınık saçlarını, kirli tırnaklarını ve tozlanmış yüzünü görünce hayretler içinde kalırlardı.

Kızı Nesrin de annesinin canlı bir örneği haline gelmişti. Oyuncak bebeklerine elbise diker, yatağını her sabah düzeltirdi. Ama sokakta çocuklarla oynarken kirlenen üstüne başına dikkat etmez, tırnaklarını ancak ayda bir keserdi.

Çocuklarınızı kötü huylu yapmak için ya kendi hallerine bırakın, yahut bakıcılara emanet edip onlarla hiç ilgilenmeyin.

İKİ HİZMETÇİ
BİR DE ÖZEL ÖĞRETMEN

Bülent Bey, yüksek kesimden olan insanların her şeyinin avamdan ayrı olması gerektiğine ve basit işlerin de onlara bırakılmasının şart olduğuna inanıyordu. Mesela çocuk bakımı ve benzeri işler onlara bırakılmalıydı.

Çocuklarıyla arasında mesafe bırakır, hatta onlarla beraber aynı masada yemek bile yemezdi.

Çocukları için iki hizmetçi bir de özel öğretmen tutmuştu. Haklarındaki bütün bilgileri onlardan öğrenir, tabiî duyduğu övücü sözler de hoşuna giderdi.

Evdekiler Bülent Bey'in bu prensiplerinden son derece memnundular. Çünkü özel öğretmen çocuklarla ilgilenmektense gezip tozmayı tercih ediyordu. Çocuklar ve hizmetçiler için her gün düğün, bayramdı.

Hizmetçiler, çocukların, babalarına hiçbir şey söylememelerini sıkı sıkı tenbih ediyorlardı. Çocuklar da babalarına hiçbir şey söylemiyorlardı. İstedikleri gibi hareket ediyorlar, hizmetçilerin gittiği yere onlar da gidebiliyorlardı. Yiyorlar içiyorlar fakat hiç çalışmıyorlardı. Her türlü oyun ve yaramazlıkları iyi beceriyorlardı. Hizmetçilerin odasında yapılan şaka, alaylı söz ve terbiyesizlikleri de öğreniyorlardı.

Sonunda babalarının arzu ettiği gibi yetişmemişlerdi. Kızı rastgele, uygunsuz hareketlerde bulunuyor, oğlu da başıboş geziyordu. Zavallı Bülent Bey "hayret" diyordu. "Onların iyi yetişmesi için elimden geleni yaptım. Hatta özel öğretmen ve hizmetçiler tuttum. Hayret!..." diyordu.

Çocuklarınızı sağlıksız büyütmek istiyorsanız, onların üzerine titreyin ve çok nazlı yetiştirin.

ÇOCUK HEP TERLESİN

Nazik bir anne, çocuklarına sıcak kadar hiçbir şeyin yararlı olamayacağına inanırdı. Bunun için odayı çok fazla ısıtır, adeta dışardan gelen boğulacak hale gelirdi. Bir hamamı andıran bu odada yatıp kalkan çocuklar ayrıca yastıklarının altına konan sıcak su torbalarına da katlanmak zorundaydılar.

Onları ter içinde gören anneleri sevinir, "Terlemeniz vücut sağlığınız için gerekli... "derdi. Ne var ki bu durum çocukları sık sık hasta ederdi. Hastalanan çocuklar annelerinin neşesini kaçırıyordu.

Bir defasında terli olarak hava ceryanında kalma talihsizliğine uğrayan küçük Osman, üşütmüş, zatürreden kurtulamayarak ölmüştü. Zavallı çoçuk içerde büyüyen, dışarı çıkarılınca solan bir çiçek gibi olmuştu.

SOĞUK DUŞ

"Çocuklarımı zamanında soğuğa alıştıracağım" diyen bir anne vardı.

Soğuk havalarda oğlunu dışarı bırakır, arada sırada soğuk suyla duş aldırırdı. Ne var ki bu sefer odayı fazla sıcak tutar, çocuk rahatça uyuyamazdı. Sık sık terlediği için çok çabuk hasta olurdu.

Bir defasında onu "Sıcak odada bunaldın" diyerek terli terli soymuş ve soğuk su doldurduğu küvete yatırmıştı.

Zavallı yavrucak, gözlerini şöyle bir çevirdi, başını eğdi ve küvetin içine cansız şekilde yığılıverdi.

Çocuklarınızı sağlıksız yetiştirmenin bir başka yolu da, onları temiz hava ve bol güneşten mahrum etmenizdir.

BU ODADA DURULMAZ

Nurcan Hanım, evine ziyerete gelen bir yakınına dert yanıyordu: "Şu çocukları görüyor musun? Cansız kansız birer iskelet gibiler. Birinin gözü, diğerinin kulağı, ötekinin başı, berikinin dişi ağrıyor. İniltilerinden konu komşu bile rahatsız."

Yakını, üzüntüyle başını sallayarak şöyle cevap verdi:

"Bütün bunlar sizin hatanız. Kusura bakmayın ama kendiniz etmiş, kendiniz bulmuşsunuz. Çocukların odasında bu çamaşır leğeninin işi ne? Bu leğen odayı nemlendirdiği için duvarlar ıslak, pencerelerden su sızıyor. Buraya ben gireli onbeş dakika olmadı. İnanın başım ağrımaya başladı. Bir hafta kalsam ölürüm herhalde. Ayol şu yatakların haline bak... Gerçekten çocuklar bunların içinde yatıyorlarsa çok yazık... İnan suç işliyorsun. Nerdeyse katil olacaksın. Allah'ın hayvanlara bile bahşettiği temiz havayı sen çocuklarından esirgiyor, onları odanın içine serdiğin çamaşırlarla zehirliyorsun. Çamaşırlarını dışarıda yıkar ve bahçeye asarsın. Pencereleri açar içeriyi havalandırırsın. Böylece daha sağlıklı olurlar. Benden bu kadar. Reçetem bu, vizite ücreti de istemiyorum. İzninizle" diyerek çıkıp gitti.

ÇOCUK MU ÖNEMLİ KÖPEK Mİ?

Doktor Nuray Hanım, kızına büyü yapıldığını sanan bir anneyle karşılaşmıştı. Hastanın odasına girerken karşılaştığı pisliklerden, nem ve çürük kokularından durumu anlamıştı. İçerde boğucu bir hava vardı. Hiçbir şey söylemeden çocuğun yanına vardı. Yavrucağın yüzü soluk, vücudu zayıf ve çelimsizdi. Fakat önemli bir hastalık belirtisi de yoktu. Çocuğun annesine dönerek şöyle dedi:

– Çocuk sokağa çıkıyor mu?

– Hayır tam bir yıla yakındır sokağa çıkmadı.

– Odayı en son ne zaman havalandırdın?

– Epeyce oluyor.

– Çocuğunuzu bu hale getirenin kim olduğunu bilmek ister misiniz?

– Kim olabilir ki?

– Bizzat sizsiniz. Sizden başkası değil. Burdan başka güneş alan daha havadar odanız yok mu?

– Yukarda var, ama orada köpeğimiz kalıyor.

– Yaa, öyle mi? Demek sizin için köpek, çocuğunuzdan daha önemli?

– ...

– Lütfen bu çocuğu yukarı çıkarın. Bu oda onun için çok zararlı. Her gün pencerelerinizi açın, temiz hava girsin. İçerdeki yiyeceklerin kokusu her tarafa sinmiş. Çocuğunuza kirli su içirmezsiniz, ama unutmayın kirli hava kirli sudan daha zararlıdır. Tekrar ediyorum. Çocuğun odasını değiştirin, yavaş yavaş temiz havaya alıştırın. Beslenmesine dikkat edin. Yakında iyileştiğini göreceksiniz. Eğer bir ay içinde iyileşmezse bana getirin. Şimdilik iyi günler.

Çocukları hastalıklı yetiştirmek istiyorsanız onları tatlı ve hafif (gıdasız) yiyeceklere alıştırın.

YANLIŞ TAVSİYELER

Vehbi Bey, çocuklarını canından çok seven bir adamdı. Varını yoğunu onlar için harcardı. Beslenmelerine fazlasıyla özen gösterir, sağdan soldan duyduğu tavsiyeleri uygulamaktan çekinmezdi.

Süt, balgam yaptığı için yasaktı. Sabahları güzel kokulu ve faydalı kahve içilmeliydi. Tereyağı da sakıncalıydı. Adı üstünde yağlı bir maddeydi ve mideyi bozması işten bile değildi.

Meyvelerin hazmı zordu, hatta bu yüzden ölen çocuklar bile vardı. Ekmeğin içi şişmanlattığı, kurusu da solucan yaptığı için yenmemeliydi. En iyisi bademli yiyecek ve içeceklerdi. Çünkü bunlar besleyici gıdalardı. Arada bir tereyağlı börek yemenin sakıncası yoktu. Hele kızartmalar çok iyi gelirdi insan vücuduna...

Çocuklar, gaz yapan ve mideye çöken meyveleri ağızlarına bile almamalıydılar. Hem onlar köylü çocukları değildiler ki her şeyi öğütüp hazmedebilsinler. Baharatlı çorbalar, bir parça kuzu ya da dana eti, bir tavuk biraz da sos çocuklar için son derece yumuşak ve hazmı kolay, faydalı besinlerdi.

Su mideyi zayıflatırdı. Soğuk içecekler mideyi üşütür, çocukları öksürtürdü. Bunun için çocuklara yemekten sonra demli çay verilirse iyi olurdu.

Vehbi Bey, çocuklarını bu tavsiyelerle büyütüyordu. Fakat, onlar yine de iyi gelişmiyorlardı. Boyları uzamıyor, renkleri solgun, bünyeleri zayıftı. On iki yaşındaki çocuğu sekiz yaşındaymış gibi görünüyordu.

Komşuların çocukları gayet canlıydı ve oynayıp zıplıyorlardı. Kendi çocukları da oynamak istiyor, fakat beş-on dakika sonra dermansız düşüyorlardı.

Sonunda biri soğuk algınlığından öldü. Diğeri yaşıyordu, fakat iş yapmayan, yenilmesi gereken her türlü besinleri yemeyen insan ne hale gelirse işte öyleydi.

Çocuklarınızın üzerine titreyin. En ufak bir rahatsızlıktan dolayı doktor doktor gezdirin. Hazır yiyeceklere alıştırın ve bol bol ilaç verin. Böylece onlardan kısa zamanda kurtulabilirsiniz.

PARA CANAVARI

Ziya'nın babası ölmüştü. Annesi, yetim yavrusunu canı gibi seviyor, her saniye onunla ilgilenmek istiyordu. Genç kadının akıllı bir kardeşi vardı. Onun tek teselliyi çocuğunda bulduğunu bildiği için sık sık uyarıyordu.

– Ablacığım, diyordu Ziya'ya sunî besinler verme. Uzuvlarını soğuk su ile kuvvetlendirmesini, oturma ve yatak odasını havalandırmasını, becerikli olması için oyuncaklarıyla oynamasını tavsiye et. Zarurî olmadıkça hiç ilaç verme ona. Biliyorsun ki bunlar çocuğun sağlıklı ve dayanıklı yetişmesinin en iyi yollarıdır.

Hüsniye Hanım, kardeşinin söylediklerini dikkatsizce dinliyor ve bunların hiçbir işe yaramayan basit şeyler olduğunu sanıyordu. Hem çocuğunun sağlığını kendisinden iyi düşünecek kim olabilirdi ki bu dünyada?...

Bir defasında oğlunu doktora götürdü. Onun

sağlık durumunu öğrenmek istiyordu. Doktor, muayeneden sonra:

– Ziya'nın sağlığı yerinde. Size ilaç verirsem kötülük etmiş olurum, dedi.

Fakat anne ısrarla:

– Oğlum hapşırıp duruyor, siz ilaç vermiyorsunuz!... deyince doktor gülerek:

– Olsun, dedi. Bunlar sağlıklı olmanın gereğidir. İlaçla engellenmeye çalışılırsa zulüm olur.

Anne, tatmin olmamıştı. Ona göre, Ziya'nın mutlaka ilaç alması lazımdı. Yoksa hapşırmasının arkası kesilmezdi.

İçi rahat etmediğinden başka bir doktora müracaat etti. Bu doktor, insanları sömürmek ve sürekli müşteri gelmesini sağlamak için faydalı yiyecekleri yasaklayan, lüzumsuz ve hatta zararlı ilaçlar veren zalim ve aşağılık biriydi.

Ziya'yı muayene ettikten sonra kafasını salladı, yüzünü buruşturdu ve:

– Durumu biraz tehlikeli, dedi.

– Nasıl? diye sordu Ziya'nın annesi.

– Çocuğunuzun sağlık durumu normal değil. Fakat önereceğim tedavi sayesinde kurtulacağını sanıyorum.

-Ne olur doktor bey, ne gerekiyorsa yapın. Neye mal olursa olsun, razıyım.

Hain doktor sinsi sinsi güldükten sonra:

– Sağlıklı görünen bir çok çocuk, aslında hastadır, dedi. Elma da görünürde kıpkırmızıdır ama içi kurtludur. Çocuğunuzun ne zamandan beri ishali var?

— Aşağı yukarı bir aydır. Rahmetli eşim, ilaçlarla çocuğun sağlığını bozmamak lazım derdi, kızkardeşim de öyle diyor.

— Rahmetli eşiniz ve kızkardeşiniz hesap kitaptan anlayabilirler ama doktorluktan anlayamazlar. Şunu iyi bilin ki zayıf çocuk her zaman sağlıklıdır. Şimdi çocuklar, lüzumsuz gıdalarla besleniyor ve şişmanlıyorlar. Bunların önüne geçilmezse ilerde tehlike büyür. Kanser, felç, bulaşıcı hastalık, daima etliden, sütlüden, tatlıdan doğar. Tabiî bıçak gırtlağa dayanınca gelip bizden yardım istenir. Şuna inanın ki hanımefendi, benim tedavi ettiğim ve benim tavsiyeme uyan hiçbir hasta ölmez!...

— Aman doktor bey, ne kadar para tutarsa tutsun. Yeter ki çocuğumu iyileştirin.

— Çocuğunuzun, uzun süre devam edecek bir hastalığı var! Tam tedavi edilmezse kötü sonuçlar doğabilir. Önce burun yollarındaki iltihabı kurutmamız lazım. İlaçları muntazam kullanmalısınız. Sonra şurada gördüğümüz döküntü ve lekeler de bizi biraz yoracak. Buradaki kan tabakası tamamen ölü. Bunu birkaç ay içinde halletmeliyiz. Bahara kadar tedaviye devam etmemiz gerek. Çünkü bitki özünden ilaç yapacağız... Keşke şu idrarın içinde olanları görebilseydiniz. İçindeki ufak halkaların ne anlama geldiğini nereden bileceksiniz. Onlar, hayret edeceksiniz ama, kan içici solucanlar ve kurtlardır. Bunlar çocuğun bağırsaklarına yuva yapmış, üst üste yerleşmişler. Hepsini yok etmemiz uzun bir tedaviyi gerektirecek sanırım.

Ziya'nın annesi, öğrenmek istediklerini öğrenmiş gibiydi. "Çocuğu bu doktora teslim etmem lazım" diye mırıldandı ve öyle yaptı.

Artık zavallı Ziya'ya sebze, meyve ne varsa yasaktı. Canı birkaç kiraz istese, doktordan izin almak zorundaydı. Daha çok ilaç, bitki özü, şurup ve toz ilaç alması gerekiyordu. Yüzündeki kırmızılık, bacaklarındaki kuvvet kaybolmuş, hiç iştahı kalmamıştı. Bu uzun tedavi tam üç yıl sürdü.

Nihayet üç yılın sonunda Allah, bu çocuğu para canavarının elinden kurtardı.

Zavallı Ziya, annesinin kucağında, ipincecik kollarıyla katılaşıp kalmıştı. Kadının feryad ve figanını kimse durduramıyordu.

> Çocuklarınızı sağlıksız bir bakıcıya verirseniz onların hastalıklı ve zayıf kimseler olduğunu görürsünüz.

ANNE SÜTÜ

Şüphesiz bir çocuk için en değerli ve faydalı besin kaynağı anne sütüdür. Ne var ki küçük Amine'nin annesi bunu bilmiyordu.

Yavrusu doğduktan sonra onun bakımını, bu tür işlerle uğraşan Nuriye Hanım isimli yaşlı bir kadına bırakmıştı.

Nuriye Hanım, ihtiyarlığı sebebiyle sırt ve diz ağrılarından şikayet eder, oflayıp puflayarak yürürdü. İsteksiz ve beceriksiz bir kadındı.

Küçük Amine için lokmaları ağzında çiğneyerek günde dört defa yediriyor, "Bundan başka ne yapabilirim ki?" diyordu.

Amine'nin annesi, bebeğinin gelişmediğini, kilo almadığını gördükçe ne yapacağını şaşırıyordu. Zavallı çocuğun yüzü solgun, elleri ve ayakları yara bere içindeydi.

Bir defasında kocası, "Keşke senin sütünle beslenseydi..." diyecek oldu, ama genç kadın: "Birkaç defa emzirdim, hiç bir faydası olmadı. Artık ona anne sütü yaramaz!..." diye cevap verdi.

Küçük Amine, hastalıklı, zayıf ve yaşlı bir kadının bakımı sonucu henüz iki yaşına erişemeden öldü.

SONSÖZ

Bu eserin yazarı, eğitimci Salzmann, acıların mekanına, ızdırapların dergâhına, hastaların odasına, hapishanelerin karanlıklarına, yetiştirme yurtlarının ve huzurevlerinin yalnızlığına misafir olmuştur. İnsanları bu yerlere düşüren sebepleri canlı örnekleriyle araştırmıştır.

Bu ve bunun gibi yaşanmış örneklerden şu sonuçları çıkarmıştır: Bütün rahatsızlıkların ana kaynağı, bizzat insanın ta kendisidir. Cahillik, bâtıl inançlar, tembellik, başıbozukluk ve en önemlisi, fikrî hayatın kaynağı olan din ve manevî değerlerin yeterince bilinmemesidir. Şâyet bu hastalıklara şifâ bulmak gerekiyorsa:

1. İnsanların düşünmeye sevkedilerek kendilerine dönmeleri sağlanmalıdır. Yegâne çarenin de bizzat kendilerinde olduğu anlatılmalıdır.

2. Çocuklar, mantıklı ve yaradılışlarına uygun olarak eğitilmeli ve yetiştirilmelidir.

İşte Salzmann, hayatını bu yola adamıştır. Bu konuda maddî ve mânevî fedâkârlıklarda bulunmuş, konuşmalarıyla, yazılarıyla insanları aydınlatmaya ve bu sosyal yarayı tedâvî etmeye çalışmıştır. Bu sıkıntıların sebeplerini eğitimdeki yetersizliğe, kalitesizliğe, yanlışlığa, kısaca kötü eğitime dayandırmıştır. Bu beşerî hastalık, iyi eğitim sayesinde, yine bizzat insanın kendisi tarafından yok edilecektir. Bundan dolayı Salzmann'ın sloganı şöyledir: "İnsanların kurtuluşu, ancak iyi eğitim iledir."

Yalnız bu eğitim, çağa uygun olmalıdır. Salzmann, gelmiş geçmiş manevî değerlerden, örnek şahsiyetlerden faydalanılması gerektiğini, ayrıca eğitici kişinin çabalarının buna katılması gerektiğini savunur. Bunun için de en iyi araç, yazılmış, çizilmiş eğitici gücü olan eserlerdir. Çünkü insanlar, örnek hayat ve davranış tarzlarını bu eserler sayesinde hazır bulurlar.

Bu düşünceler çerçevesinde "Yavru Yengeç" ya da "Çocukları Şuursuz Yetiştirmenin Yolları" adını verdiği eserinde aile eğitimini ele almıştır. Bu kitap, dinî eğitimin yanında, çocuk-aile ilişkilerini esas almıştır. Kitabını karşılaştırmalı olarak kaleme alan Salzmann, çocuk eğitiminde yapılan yanlışlıkları ve çelişkileri örnekleriyle açıklamıştır.

Böyle bir eser yazmaktaki asıl amacı, sadece çocuk eğitimini düzenli bir hâle getirmek değildir. Aynı zamanda gelecekte meydana gelebilecek sosyal felâketleri önlemek de istemiştir. Çünkü bu günün küçüğü, yarının büyüğüdür.

Bu çerçevede hatâların, ayıpların ve ahlâksız-lıkların anne ve babalardan kaynaklandığını, onların çocuklarına kötü örnek olduklarını, çocuklara baskı yaptıklarını, onları itaatsiz, saygısız, dikkafalı, tembel, düzensiz ve gururlu yetiştirdiklerini, bütün bunların yanı sıra kendilerinin yapmadıklarını onlardan beklediklerini dile getirir.

Salzmann, bu gibi hataları canlı örnekleriyle gâyet açık ve herkesin anlayabileceği bir dille kaleme almıştır. O, bu çalışmasıyla insanların hatalarını anlayıp çocuklarını daha iyi ve şuurlu bir biçimde yetiştireceklerini ummaktadır. Ayrıca onun bu kitabı, uygulanabilir pedagojik bir eser niteliği taşımaktadır.

Salzmann, böceklerin adını verebileceği bir dizi yazı kaleme almayı düşünmüş, böylece ilk kitabına "Yavru Yengeç" adını vermiştir. Bu kitabın ilk baskılarının kapağına bir göl içerisinde dolaşan yaşlı bir yengeç ile iki yavru yengecin resimlerini çizdirtmiş ve hemen altına şunları yazmıştır: "Babacığım, sen benim önderimsin. Bana yol göster. Ben de seni takip edeyim."

Fakat câhil olan yengeç, ancak geriye gidebilirdi. Diğer taraftan kötü örneklerle yetişen insan da örnek aldığı kişi gibi olacaktır.

Bu Kitapta Neler Var?

Giriş 9

Çocukları kendinizden nasıl nefret ettirebilirsiniz? 16

Çocukları sevdiklerinden soğutmanın yolları 23

Çocuklarınızın size kin duymasını nasıl sağlayabilirsiniz? 25-31

Çocuklarınızın size güven duymamasını nasıl sağlarsınız? 34-56

Çocuklarınızın sizi alaya almasını nasıl başarabilirsiniz? 40

Çocukları kardeşlerine karşı düşman ve kıskanç yapmanın yolları 44-49

Çocukları insanlardan nasıl soğutabilirsiniz? 51

Çocuklar büyüyünce nasıl zalim olur? 60

İntikamcı çocuk yetiştirme yöntemleri 63-66

Çocuklarda sevgi ve merhamet duygularını nasıl yok edebilirsiniz? 72

Çocukları tabiata ve hayvanlara karşı nasıl düşman edebilirsiniz? 74-76

Çocuğun kabiliyetini köreltmenin yolu 78

Çocukları korkak yapmanın yolları 80

Çocuklar ölümden neden korkar? 83

Çocukları Allah'tan dinden soğutmanın yolları 86-88

Söz dinlemez, inatçı çocuk yetiştirmenin yolu 93

Çocukları yalancı yapmanın yolları çoktur 96-104

Hayata karamsar bakan çocuk nasıl yetiştirilir? 108

Çocuklar iftira atmayı nasıl öğrenir? 110

Çocuğunuzun somurtkan olmasını mı istiyorsunuz? 113

İnatçı çocuk mu yetiştirmek istiyorsunuz 116

Çocuğunuzun başarısız olmasını mı istiyorsunuz,
öyleyse mesleğini siz belirleyin 120

Çocukları hırsız yapmanın yolları 123

Çocuğu obur yapmak çok kolay 124-127

Çocuklar nasıl tembel yetiştirilir? 129-145

Çocuklar neden aptal olur? 131-134

Çocukları içkiye alıştırmanın yolları 132

Çocuklarınızı nasıl beceriksiz ve düzensiz yetiştirebilirsiniz 137-139

Çocuğunuz küçük yaşta moda düşkünü ve israfçı olabilir? 141

Çocukları para delisi (cimri) yapmanın yolları 145

Çocuklar neden söz dinlemez? 148

Çocuklara kötü alışkanlıklar nasıl kazandırılır? 150

Çocukların huysuz olmasını istiyorsanız 156

Sağlıksız çocuk yetiştirmek sizin elinizde 158-162

Çocuklardan kısa zamanda kurtulmanın yolları 164-168

Sonsöz 169

UYSAL KİTABEVİ'NİN YAYIN LİSTESİ 1

Kutulu Setler

AİLE SETİ, 7 cilt, kutulu
DUA VE AHLAK SETİ, 6 cilt, kutulu
PEYGAMBERİMİZ VE SAHABE HAYATI SETİ, 6 cilt, kutulu
KAYNAKLARIYLA İSLAM FIKHI, Celal Yıldırım, 4 cilt, kutulu
KAYNAKLARIYLA AHKAM HADİSLERİ, Celal Yıldırım, 6 cilt, kutulu
SAHABE HAYATINDAN TABLOLAR (Cep Serisi) (l-20) kutulu
SAHABE HAYATINDAN TABLOLAR (1-2-3), ciltli, kutulu

Muhtelif Eserler

Ah Şu Ölüm Dedikleri, Abbas Yunal
Ailede ve Anaokulunda Çocuk Terbiyesi, Havle Abdulkadir Derviş
Ali Haydar Tertibatında Kur'an Alfabesi, Hattat: Mustafa Büyüksakarya
Amme Cüzü Tercüme ve Tefsiri, Muhammed Ali Sâbûnî
Bilim Adamlarına Baş Eğdiren Kitap: Kur'an, Haluk Akten
Bir Müminin Hatıra Defteri, Abbas Yunal
Büyük Günahlar, Celal Yıldırım
Büyük Sevaplar, Celal Yıldırım, M.E.B. tavsiyeli
Büyük Sözler Antolojisi, Muammer Uysal
Cennet Nimetleri, Abdüllatif Aşûr
Cennetin Tasviri, İbn Kayyım el-Cevziyye
Cihad Yolunda Bir Adım Daha İleri, Said Havva
Cin, Büyü ve Nazardan Nasıl Korunmalıyız? Abdüsselam Bâlî, 1. cilt
Cin, Büyü ve Nazardan Nasıl Korunmalıyız? İbrahim Emin, 2. cilt
Çocuk İsimleri ve Oyunları, Şeyma Uysal
Dualarla Şifa, İbrahim el-Cemel
En Güzel Fıkralar Antolojisi, -1000 Fıkra- Muammer Uysal
En Güzel Fıkralar Dizisi, 64 sayfalık 5 kitap, 1. hamur
Esma-i Hüsna Şerhi, Said el-Kâhtânî

UYSAL KİTABEVİ'NİN YAYIN LİSTESİ 2

Esma-i Hüsna Esma-i Nebi ve Makbul Dualar, cep boy
Gönülden Gönüle -ilahiler-   Muammer Uysal, (roman boy)
Gönülden Gönüle -ilahiler - Muammer Uysal, (cep boy)
Günahların Fert ve Topluma Zararları, Hâmid el-Muslih
Hadislerle Günlük Hayatımız, Muhammed Tarık
Huzur Hutbeleri, 2 cilt, Halil Atalay
Hz. Peygamberin ve Ashabının Rüyaları, Abdülaziz Hellavî
İslam Medeniyetinden Altın Tablolar, Prof. Mustafa Sıbaî
İslamda Aile Eğitimi, Prof. Abdullah Ulvan, 2 cilt
Kabirde İlk Gece - Cennetlikler ve Cehennemlikler-, M. İbrahim Selim
Kavimleri Helak Eden Günahlar, Hamid el-Muslih, karton kapak
40 Hadis Albümü (renkli hüsn-ü hat tablolar), 24X34 ebat, Ahmet Efe
40 Hadiste Hayatımız, Halil Atalay
Kıyamet ve Ahiret, Ahmed Faiz, büyük boy
Kıyamet ve Alâmetleri, Ahmed Faiz, küçük boy
Kız İsteme, Düğün Adabı ve Cinsel Eğitim, Abdullah Ulvan
Konuşan Mezarlar, Abbas Yunal
Konuşma Âdâbı - Dilin Âfetleri, Ebu Huzeyfe İbrahim
Konya Velileri, Dr. Hasan Özönder (Dağıtım)
Kur'an Niçin ve Nasıl Okunmalı? Ali Akpınar
Kur'an ve Sünnette Annelik, Muhammed Seyyid
Kur'an ve Sünnette Evlilik, Dr. Muhammed Ebu'n-Nur
Melek-Şeytan Girmeyen Evler, Ebu Huzeyfe - Muhammed Sâyim
Melek Girmeyen Evler, Ebu Huzeyfe İbrahim
Nerede Hata Yaptık? -yengeç kitap- C. G. Salzmann
Peygamberler Tarihi, Ahmet Behcet
Peygamberimiz Hakkında Aile Sohbetleri, M. Ömer Dauk, MEB. tavsiyeli
Peygamberimize Sorulan İlginç Sorular, İbn Kayyım el-Cevziyye
Peygamberimizin Hayatı, Abdurrahman İbnü'l-Cevzî

UYSAL KİTABEVİ'NİN YAYIN LİSTESİ   3

Peygamberimizin Mucizeleri, İmam Suyûtî, büyük boy, 2 cilt
Peygamberimizin Mucizeleri, İmam Suyûtî, küçük boy, tek cilt
Peygamberimizin Sünnetinde Çocuk Eğitimi, M. Nur Süveyd
Rasulüllahın Annesi ve Hanımları, Prof. Aişe Abdurrahman, cilt 1
Rasulüllahın Kızları ve Torunları, Prof. Aişe Abdurrahman, cilt 2
Rüya Tabirleri Ansiklopedisi, Muammer Uysal
Şeytan Girmeyen Evler, Muhammed Sayim
Şeytanın Hile ve Tuzakları, cep boy
Şeytanın Tuzakları, İbn Kayyım el-Cevziyye, 2 cilt
Şifalı Bitkiler ve Gıdalar Ansiklopedisi, Muammer Uysal
Tercüme Sanatı ve Arapçadan Tercüme, Doç. Dr. Taceddin Uzun
Yasin Tebareke Amme ve Namaz Sureleri Tefsiri, (Güllü) M. Ali Sâbûnî
Yemek ve Tatlı Kitabı, Şeyma Uysal, küçük boy, 1. hamur

Başarı Dizisi

Hayatını Yenile, Muhammed Gazâlî
Konuşma Sanatı ve Görgü Kuralları, İshak Doğan
Nasıl Zengin ve Mutlu Olursun? Mustafa Abdulcevad
Sıradan Biri Olma, Dr. Avad b. Muhammed
Stresi Yen, Dr. Lütfi Abdülaziz
Utangaçlığı Yen, François Sousarinie
Üzüntüden Kurtul, Dr. Ahmed Sibâî - Dr. İdris Abdurrahim

Sözlükler

Atasözleri ve Deyimler Sözlüğü, Halil Uysal, küçük boy, 1. hamur
Deyimler Sözlüğü (Arapça - İngilizce - Türkçe), Halil Uysal
İlköğretim Türkçe Sözlük, küçük boy, 1. hamur
İmla (Yazım) Kılavuzu, küçük boy, 1. hamur
İnsan ve Toplumbilimleri Sözlüğü (Arapça-İngilizce-Türkçe), Halil Uysal
Şairler ve Yazarlar Sözlüğü, Muammer Uysal, roman boy

UYSAL KİTABEVİ'NİN YAYIN LİSTESİ 4

Romanlar

Kutsal Çile, Raif Cilasun M.E.B. tavsiyeli
Kardelenler ve Güller (Ödüllü), Ahmet Güzel
Yavuz Sultan Selim (Ödüllü), Yaşar Çalışkan
Erik Ağacımı Kestiler (Ödüllü), Mecbure İnal
Iki Gül, Maviye Şentürk Uzun
Hürriyet Çığlığı, Necip el-Keylânî
Gece ve Demir Parmaklık, Necip el-Keylânî
Bir Hilal Uğruna, Yaşar Çalışkan

Hikayeler

İbretli Kıssalar - Dinî Hikayeler, Muammer Uysal
Konuşan Hayvanlar (Kur'an'da Hayvan Hikayeleri), Ahmet Behcet, 6 kitap
Konuşan Hayvanlar (Kur'an'da Hayvan Hikayeleri), Ahmet Behcet, tek cilt
Mümin Tomurcuklara Dini Hikayeler, M. Muvaffak Süleyme
Ömer Seyfettin'den Hikayeler, 64 sayfalık 5 kitap, 2. hamur

Boyamalar

Boyama Kitapları, 12 kitap, 1. hamur
Bulmacalı Boyama 1. kitap, 96 sayfa, 1. hamur
Bulmacalı Boyama 2. kitap, 96 sayfa, 1. hamur

Yap-Bozlar

Hacivat-Karagöz, yap-boz
Hayvanat bahçesi, yap-boz
Keloğlan, yap-boz
Mekke-Kâbe, yap-boz
Medine-Ravza, yap-boz
Mevlana, yap-boz
Nasreddin Hoca, yap-boz
Pamuk Prenses, yap-boz
Sayılar, renkler, mevsimler, yap-boz
Türkçe Harfler, yap-boz
Türkiye Haritası, yap-boz